Compter par intervalles de 3

Compte par intervalles de 3.

1.	6, **9**, ____, ____, ____, ____, ____
2.	24, ____, ____, ____, ____, ____, ____
3.	63, ____, ____, ____, ____, ____, ____
4.	42, ____, ____, ____, ____, ____, ____
5.	84, ____, ____, ____, ____, ____

Compte à rebours par intervalles de 3.

6.	45 **42**, ____, ____, ____, ____, ____
7.	18, ____, ____, ____, ____, ____, ____
8.	69, ____, ____, ____, ____, ____, ____
9.	99, ____, ____, ____, ____, ____, ____
10.	39, ____, ____, ____, ____, ____, ____

Compter par intervalles de 4

Compte par intervalles de 4.

1.	8, **12**, ______, ______, ______, ______, ______
2.	52, ______, ______, ______, ______, ______, ______
3.	76, ______, ______, ______, ______, ______, ______
4.	68, ______, ______, ______, ______, ______, ______
5.	. 32, ______, ______, ______, ______, ______ ______

Compte à rebours par intervalles de 4.

6.	56 **52**, ______, ______, ______, ______, ______
7.	76, ______, ______, ______, ______, ______, ______
8.	24, ______, ______, ______, ______, ______, ______
9.	100, ______, ______, **88**, ______, ______, ______
10.	44, ______, ______, ______, ______, ______, ______

Compter par intervalles de 5 et de 25

Compte par intervalles de 5.

1.	0, __5__, ______, ______, ______, ______, ______
2.	35, ______, ______, ______, ______, ______, ______
3.	70, ______, ______, ______, ______, ______, ______

Compte à rebours par intervalles de 5.

4.	35, ______, ______, __20__, ______, ______, ______
5.	100, ______, ______, ______, ______, ______, ______
6.	70, ______, ______, ______, ______, ______, ______

Compte par intervalles de 25.

7.	25, __50__, ______, ______, ______, ______, ______
8.	200, ______, ______, ______, ______, ______, ______

Compte à rebours par intervalles de 25.

9.	325, __300__, ______, ______, ______, ______, ______

Compter par intervalles de 10

Compte par intervalles de 10.

1.	20, ____, ____, ____, **60**, ____, ____
2.	33, ____, ____, ____, ____, ____, ____
3.	224, ____, ____, ____, ____, ____, ____
4.	49, ____, ____, ____, ____, ____, ____
5.	130, ____, ____, ____, ____, ____, ____

Compte à rebours par intervalles de 10.

6.	100, ____, ____, ____, ____, ____, ____
7.	81, ____, ____, ____, ____, ____, ____
8.	168, ____, ____, ____, ____, ____, ____

RÉFLÉCHIS BIEN

Une boîte contient 10 barres de céréales. Combien de barres de céréales y a-t-il dans

a) 2 boîtes? ____ b) 3 boîtes? ____ c) 5 boîtes? ____ d) 7 boîtes? ____

Compter par intervalles de 100

Compte par intervalles de 100.

1.	100, **200**, ______, ______, ______, ______, ______
2.	302, ______, ______, **602**, ______, ______, ______
3.	215, ______, ______, ______, ______, ______, ______
4.	127, ______, ______, ______, ______, ______, ______
5.	348, ______, ______, ______, ______, ______ ______

Compte à rebours par intervalles de 100.

6.	900, ______, ______, ______, ______, ______, ______
7.	743, ______, ______, ______, ______, ______, ______
8.	619, ______, ______, ______, ______, ______, ______

RÉFLÉCHIS BIEN

Il y a 100 bonbons dans un sac. Combien de bonbons y a-t-il dans

a) 3 sacs? ______ b) 5 sacs? ______ c) 10 sacs? ______

Compter à rebours par intervalles de 5

Commence à 100. Relie les points en comptant à rebours par intervalles de 5.

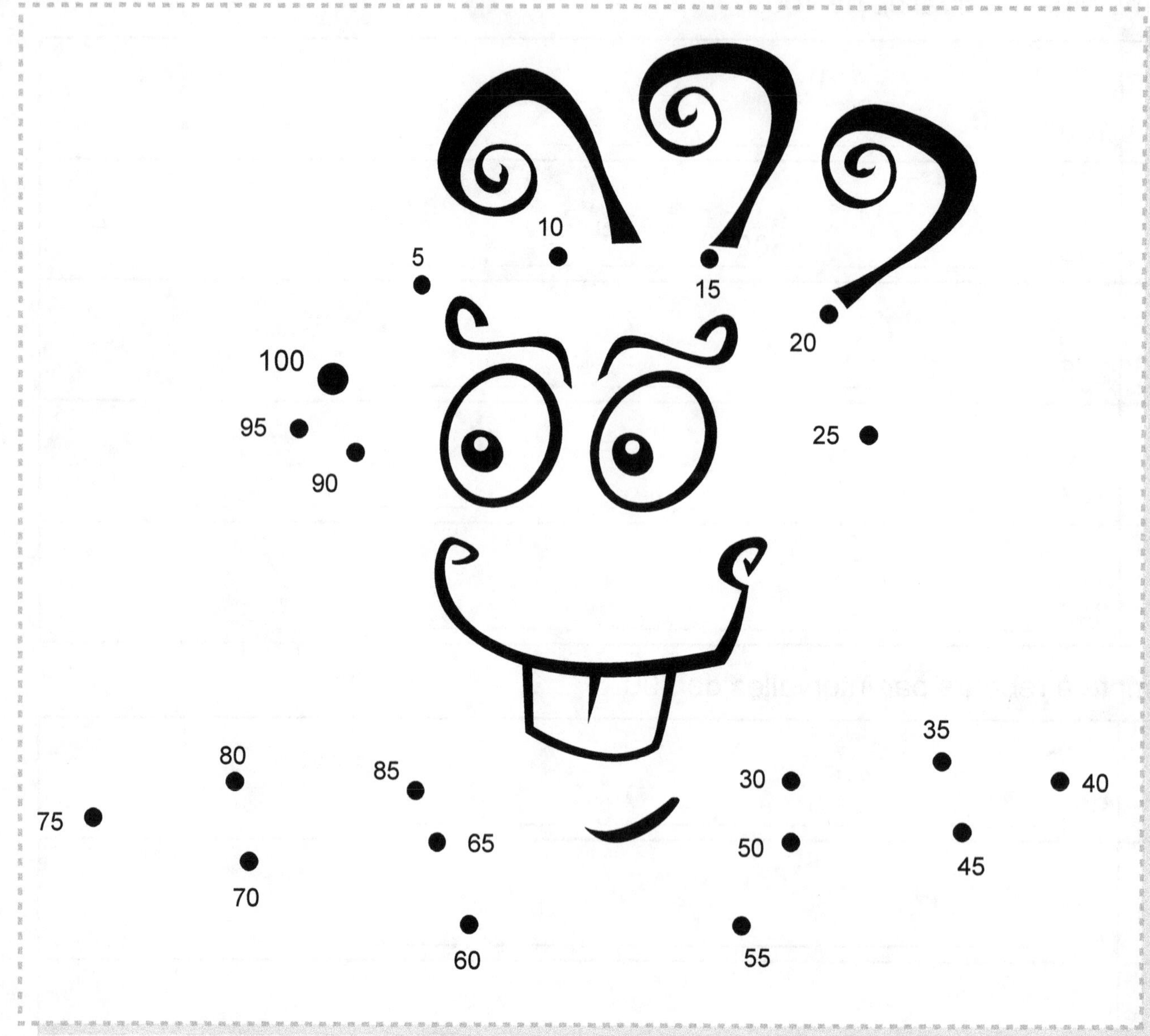

RÉFLÉCHIS BIEN

Annie comptait par intervalles de 3 ou de 4, mais elle a fait des erreurs. Quelles erreurs a-t-elle faites?

a) 44, 48, 50, 54

b) 96, 93, 90, 88

c) 72, 68, 64, 61

Compter jusqu'à 1000 par intervalles de 25

Relie les points pour compter jusqu'à 1000 par intervalles de 25.

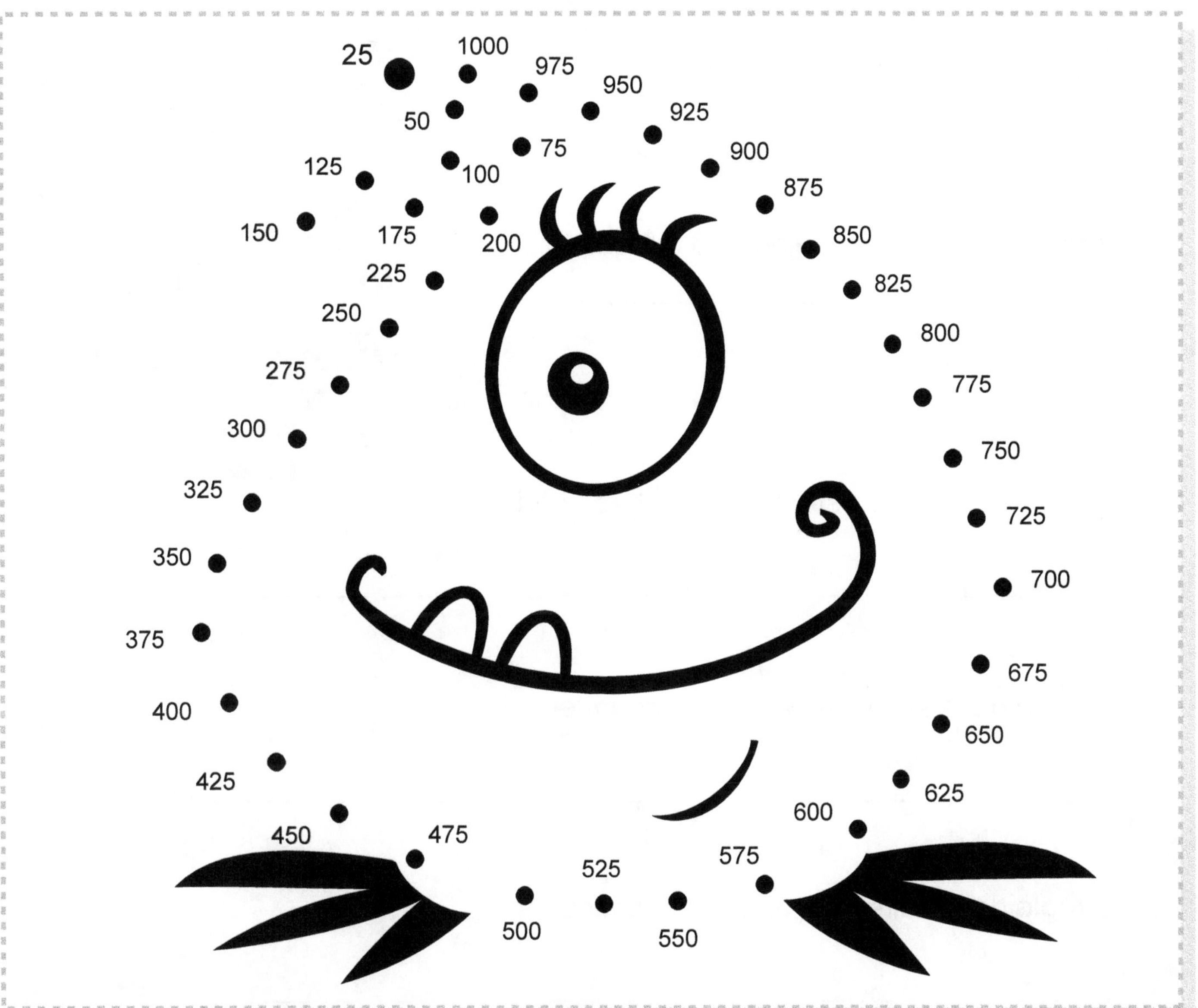

RÉFLÉCHIS BIEN

a) Compte à rebours par intervalles de 5.

875, ______, ______, ______, ______, ______, ______, ______

b) Compte à rebours par intervalles de 10.

944, ______, ______, ______, ______, ______, ______, ______

Suite de nombres croissants

Dans une suite de nombres croissants, les nombres montent.

	(+ 3)		(+ 3)		(+ 3)		(+ 3)		(+ 3)		(+ 3)	
3		6		9		12		15		18		21

La règle de la suite est : ajouter 3 chaque fois.

Crée une suite de nombres croissants en additionnant.

1. La règle de la suite est : ajouter 4 chaque fois.

   8, _______, _______, _______, _______, _______, _______, _______

2. La règle de la suite est : ajouter 5 chaque fois.

   15, _______, _______, _______, _______, _______, _______, _______

3. La règle de la suite est : ajouter 10 chaque fois.

   5, _______, _______, _______, _______, _______, _______, _______

4. Crée ta propre règle. La règle de la suite est : ajouter _______ chaque fois.

   6, _______, _______, _______, _______, _______, _______, _______

Suite de nombres décroissants

Dans une suite de nombres décroissants, les nombres descendent.

	−4		−4		−4		−4		−4		−4	
32		28		24		20		16		12		8

La règle de la suite est : soustraire 4 chaque fois.

Crée une suite de nombres décroissants en soustrayant.

1. La règle de la suite est : soustraire 3 chaque fois.

   30, _______, _______, _______, _______, _______, _______, _______

2. La règle de la suite est : soustraire 5 chaque fois.

   45, _______, _______, _______, _______, _______, _______, _______

3. La règle de la suite est : soustraire 10 chaque fois.

   90, _______, _______, _______, _______, _______, _______, _______

4. Crée ta propre règle. La règle de la suite est : soustraire ______ chaque fois.

   25, _______, _______, _______, _______, _______, _______, _______

Nombres pairs et impairs

Regarde le chiffre dans la position de l'unité pour savoir si un nombre est pair ou impair.
Les nombres impairs se terminent par 1, 3, 5, 7 ou 9.
Les nombres pairs se terminent par 0, 2, 4, 6 ou 8.

Colorie les nombres pairs en orange. Colorie les nombres impairs en vert.

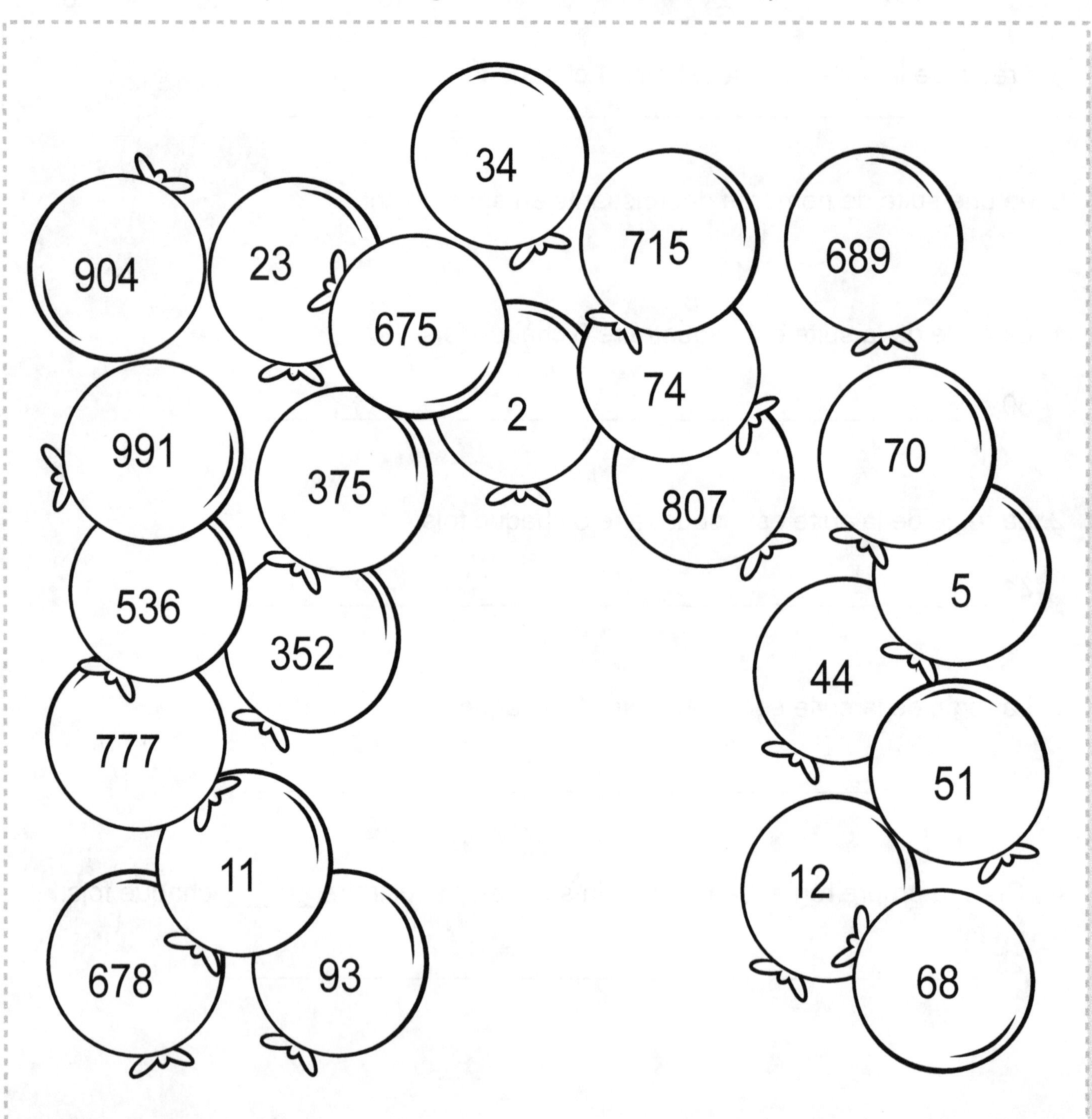

Comparer et ordonner des nombres

1. Compte par intervalles de 10. Trouve le nombre manquant.

Juste avant : **71**, 81, 91	Juste avant : ______, 65, 75
Juste après : 2, 12, ______	Juste avant et après : ______, 89, ______
Entre : 14, ______, 34	Juste après : 16, 26, ______

2. Encercle le plus grand nombre de chaque paire de nombres.

a) 231 ou 132 b) 334 ou 345 c) 128 ou 129 d) 236 ou 320

e) 537 ou 527 f) 435 ou 456 g) 954 ou 959 h) 211 ou 222

3. Ordonne chaque groupe de nombres, du plus petit nombre au plus grand.

154, 129, 171, 118, 127, 111 ____, ____, ____, ____, ____, ____,

339, 363, 30, 384, 317, 400 ____, ____, ____, ____, ____, ____,

4. Ordonne chaque groupe de nombres, du plus grand nombre au plus petit.

95, 84, 123 ____, ____, ____,

245, 212, 289 ____, ____, ____,

Centaines, dizaines et unités

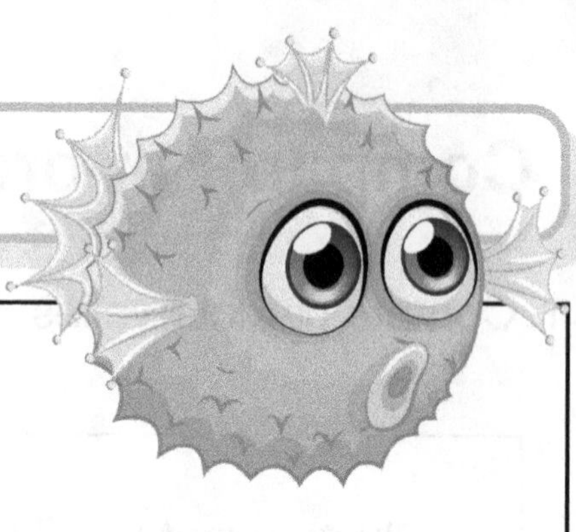

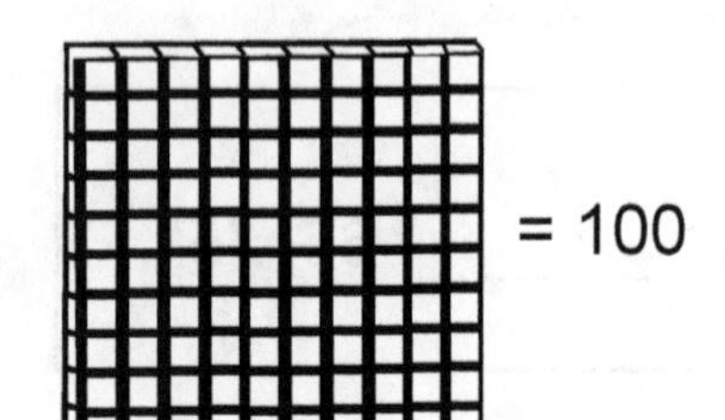

= 100 = 10 = 1

1 centaine + 1 dizaine + 1 unité = 111

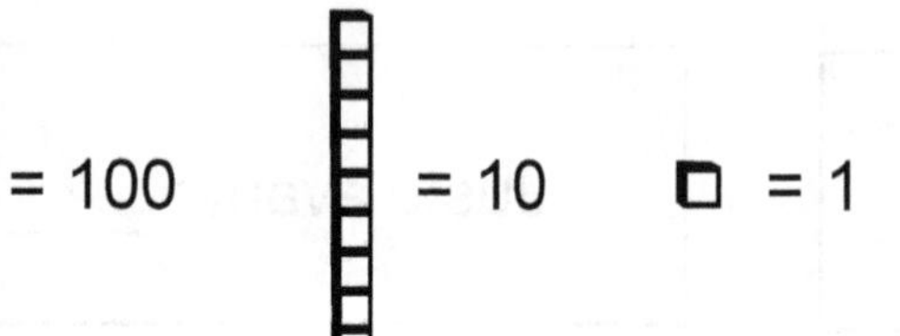

Compte les centaines, les dizaines et les unités. Écris le nombre total de cubes.

1.

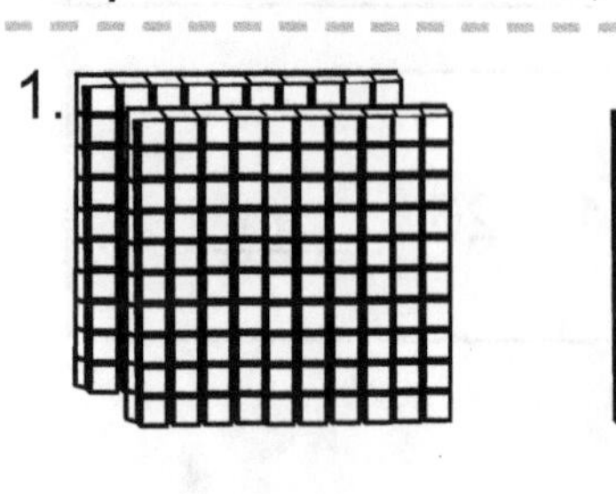

___ centaines + ___ dizaine + ___ unités

Nombre ____

2.

___ centaines + ___ dizaine + ___ unités

Nombre ____

3.

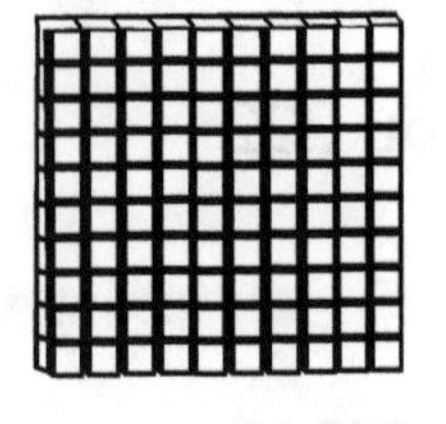

___ centaine + ___ dizaines + ___ unités

Nombre ____

4.

___ centaines + ___ dizaines + ___ unité

Nombre ____

5.

___ centaines + ___ dizaines + ___ unités

Nombre ____

6.

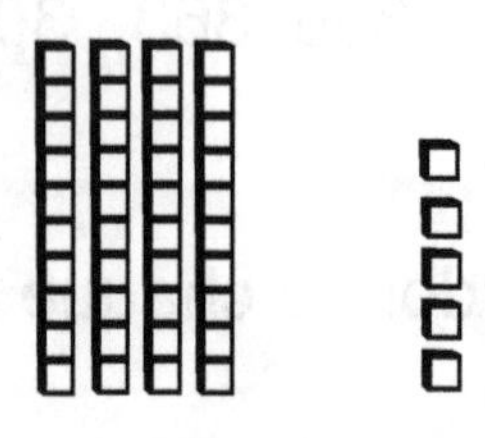

___ centaines + ___ dizaines + ___ unités

Nombre ____

Centaines, dizaines et unités (suite)

Compte les centaines, les dizaines et les unités. Donne le nombre total de cubes.

7. 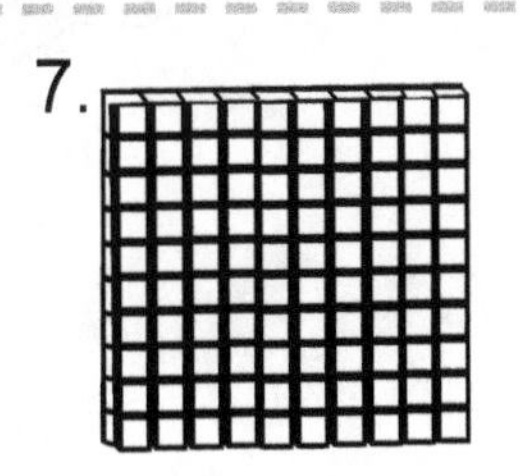   

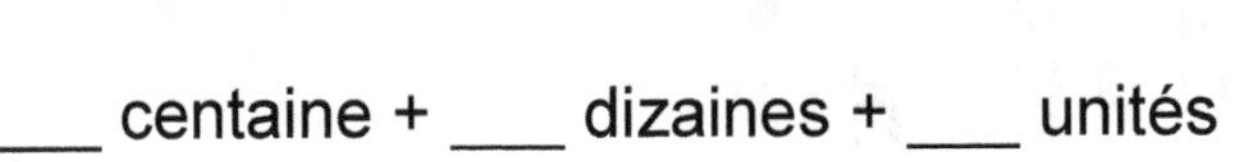

___ centaine + ___ dizaines + ___ unités

Nombre ____

8. 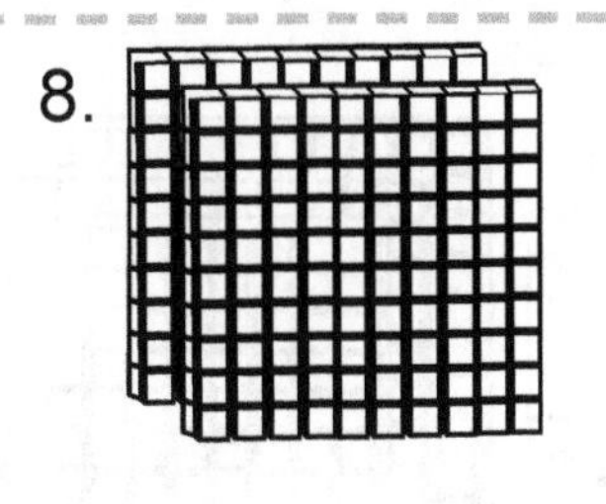 

___ centaines + ___ dizaines + ___ unité

Nombre ____

9. 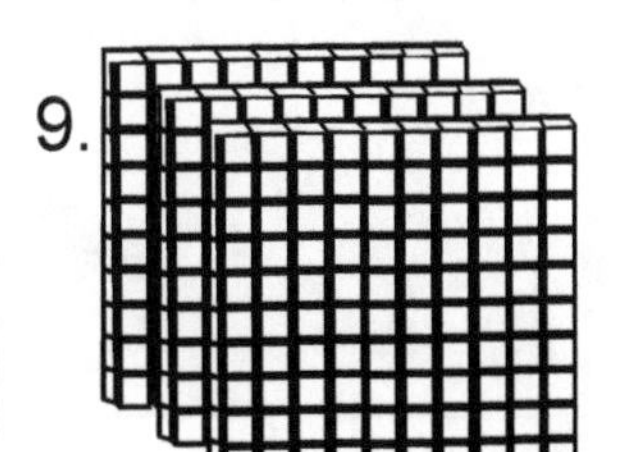 

___ centaines + ___ dizaines + ___ unités

Nombre ____

10. 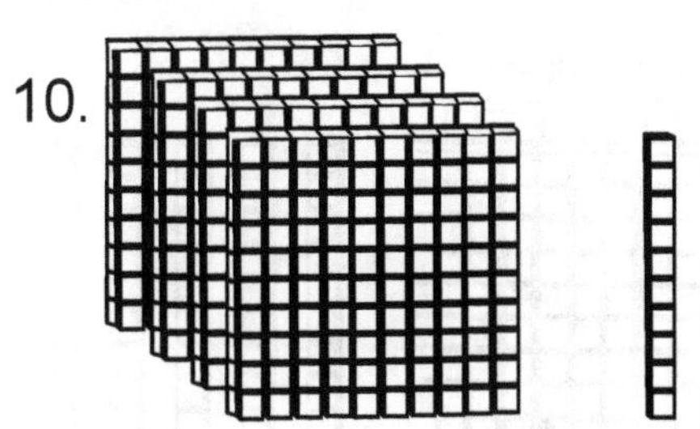 

___ centaines + ___ dizaine + ___ unités

Nombre ____

11. 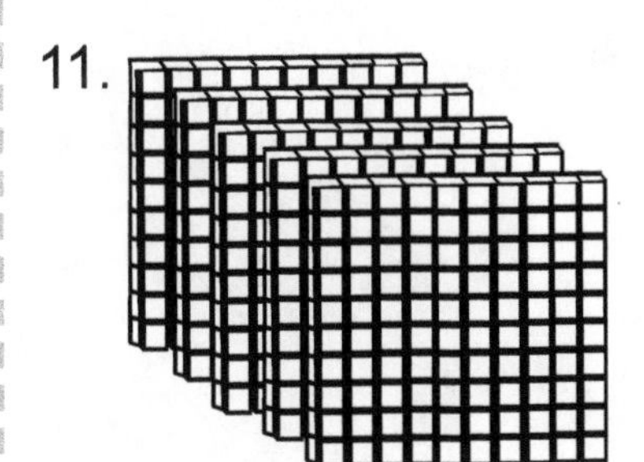 

___ centaines + ___ dizaine + ___ unités

Nombre ____

12. 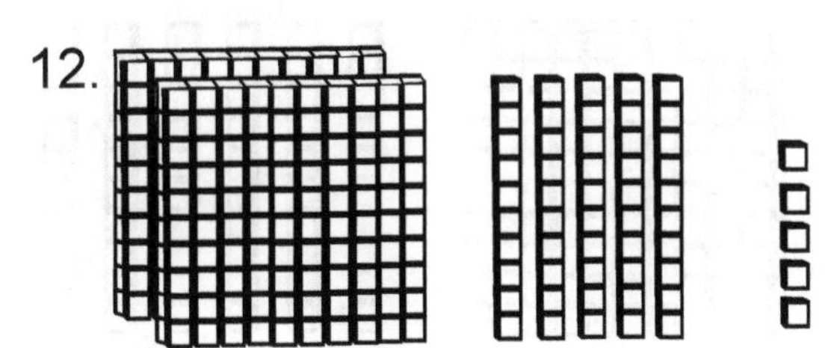

___ centaines + ___ dizaines + ___ unités

Nombre ____

RÉFLÉCHIS BIEN

Encercle le plus grand nombre de chaque paire de nombres.

a) 132 149   b) 118 128   c) 272 289   d) 459 475

Écrire le nombre

Compte les centaines, les dizaines et les unités. Écris le nombre total de cubes.

1. 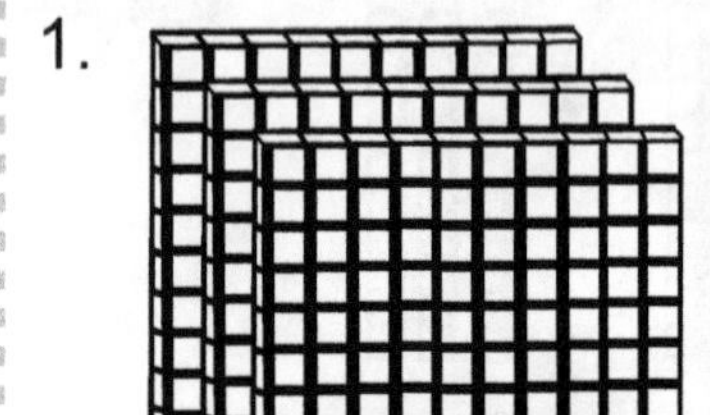 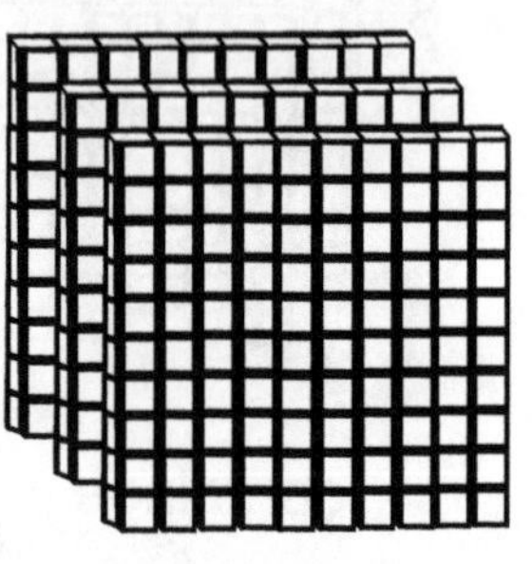  

centaines ______ dizaines ______ unités ______ Écris le nombre : ____________

2. 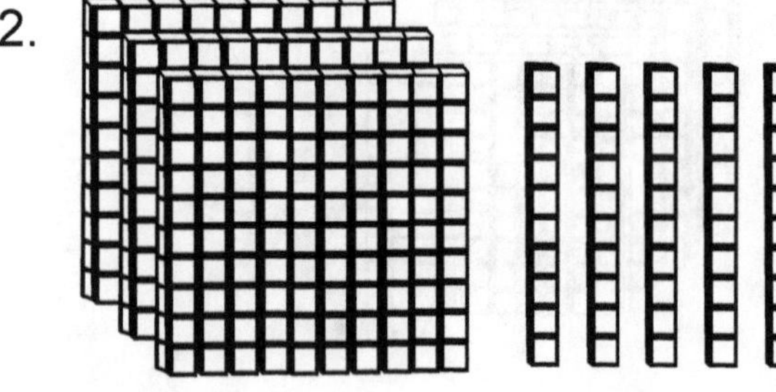

centaines ______ dizaines ______ unité ______ Écris le nombre : ____________

3. 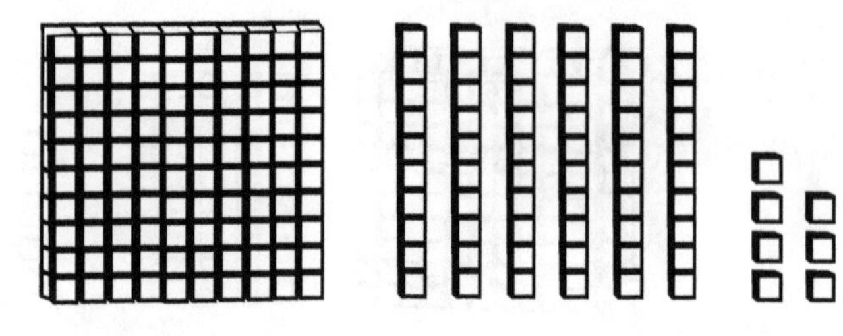

centaine ______ dizaines ______ unités ______ Écris le nombre : ____________

4. 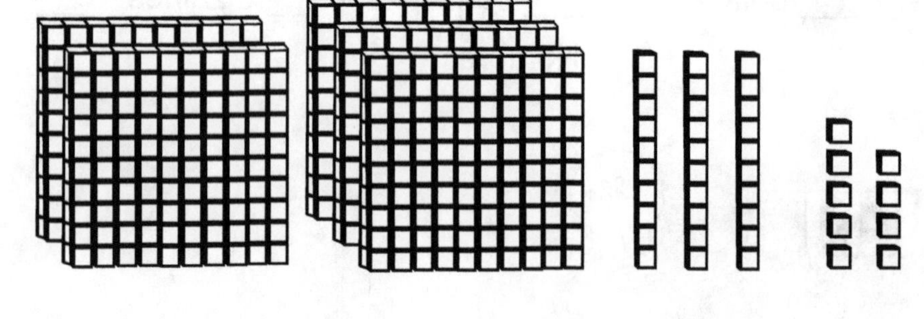

centaines ______ dizaines ______ unités ______ Écris le nombre : ____________

Valeur de position

Dans le nombre 725,

7 représente 700
2 représente 20
5 représente 5

Dans sa forme décomposée, 725 correspond à 700 + 20 + 5.

Écris la valeur de position du chiffre souligné.

1. 565 **500**
2. 721 ____________________
3. 428 ____________________
4. 286 ____________________
5. 214 ____________________
6. 673 ____________________
7. 526 ____________________
8. 622 ____________________

Décompose chaque nombre.

9. 476 ____________________
10. 258 ____________________
11. 967 ____________________

Quelle est la valeur de position?

Écris la valeur de position qui manque.

1. 500 + 20 + ____________ = 529

2. ____________ centaines + 2 dizaines + 4 unités = 324

3. 600 + 80 + ____________ = 681

4. ____________ centaines + 0 dizaine + 4 unités = 704

5. 600 + ____________ + 7 = 647

6. 7 centaines + ____________ dizaines + 9 unités = 749

7. 200 + ____________ + 6 = 276

8. 8 centaines + 6 dizaines + ____________ unités = 862

RÉFLÉCHIS BIEN

Compare les nombres, et écris >, < ou =.

a) 804 ______ 728

b) 430 ______ 375

c) 664 ______ 668

d) 179 ______ 199

Écrire les nombres de différentes façons

Encercle les deux représentations correctes de chaque nombre.

1.

141 **140 + 1** **1** centaine et **1** dizaine et **4** unités 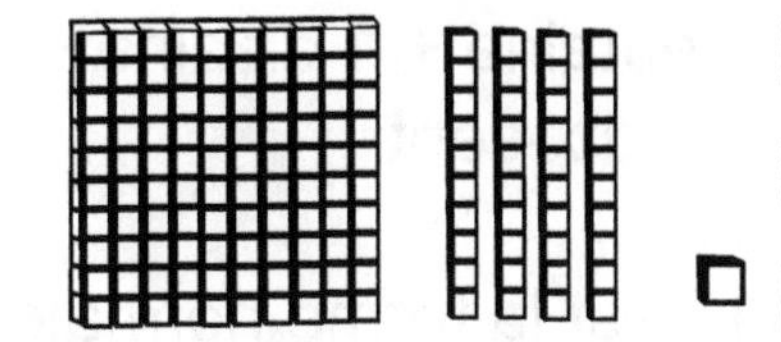

2.

229 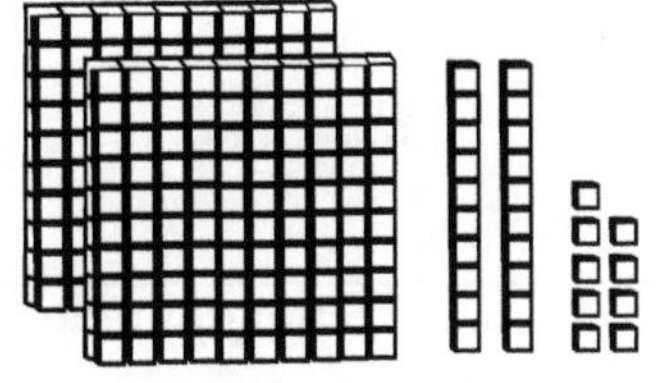 **2** centaines et **2** dizaines et **9** unités **200 + 2 + 9**

3.

316 **3** centaines et **1** dizaine et **6** unités 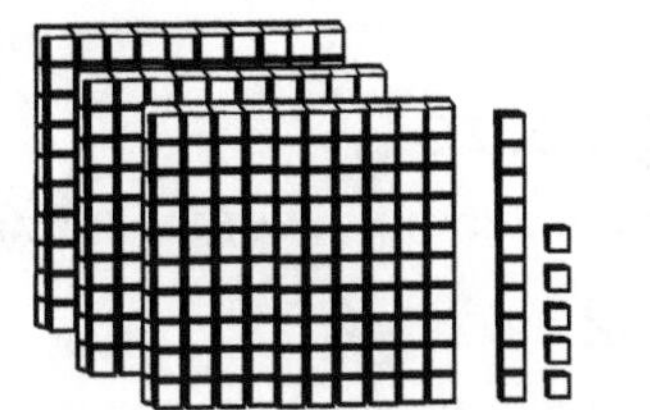 **300 + 10 + 6**

4.

153 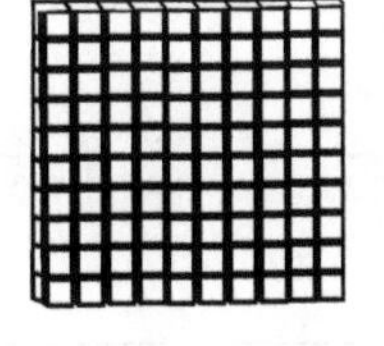 **1** centaine et **5** dizaines et **3** unités **100 + 30 + 5**

5.

290 **2** centaines et **9** dizaines et **0** unité  **200 + 90 + 0**

6.

365 **3** centaines et **6** dizaines et **5** unités 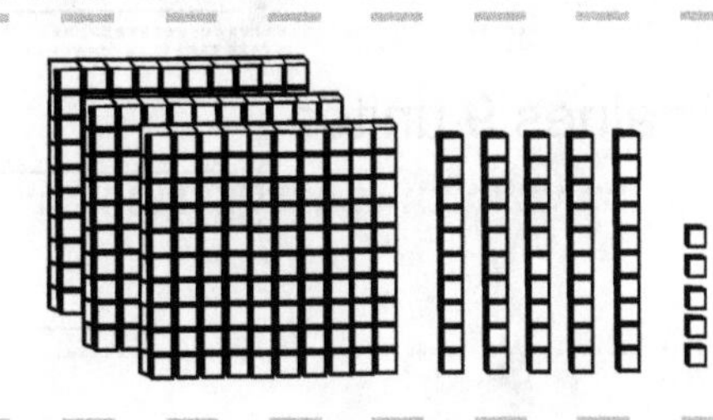 **300 + 60 + 5**

Écrire les nombres dans leur forme normale

Il y a différentes façons d'écrire un nombre.
100 + 10 + 7
1 centaine + 1 dizaine + 7 unités
cent dix-sept
117
117 est la forme normale de ce nombre.

Écris chaque nombre dans sa forme normale.

1.	100 + 40 + 5	______
2.	7 dizaines 6 unités	______
3.	quatre-ving-douze	______
4.	200 + 60 + 2	______
5.	3 centaines 4 unités	______
6.	deux cent onze	______
7.	800 + 50 + 6	______
8.	quatre-vingt	______
9.	6 centaines 5 dizaines	______
10.	quarante-cinq	______
11.	4 centaines 3 dizaines 9 unités	______
12.	500 + 80 + 3	______

Écrire les nombres en lettres

Les nombres 11 à 19 en lettres :
onze douze treize quatorze quinze seize dix-sept dix-huit dix-neuf

Les dizaines en lettres :
vingt trente quarante cinquante soixante soixante-dix quatre-vingt quatre-vingt-dix

En lettres, le nombre 285 s'écrit **deux cent quatre-vingt-cinq.**

1. Écris le nombre en lettres.

   a) 121 cent vingt et un

   b) 234 ______________________

   c) 456 ______________________

   d) 139 ______________________

   e) 918 ______________________

2. Écris le nombre en lettres.

   a) Il y a ______________ mois dans une année.
   12

   b) Il y a ______________ semaines dans une année.
   52

   c) Il y a ______________ jours dans une année.
   365

   d) Certains mois ont ______________ jours.
   30

   D'autres mois ont ______________ jours.
   31

   e) Il y a ______________ heures dans une journée.
   24

   f) Il y a ______________ minutes dans une heure.
   60

Arrondir un nombre

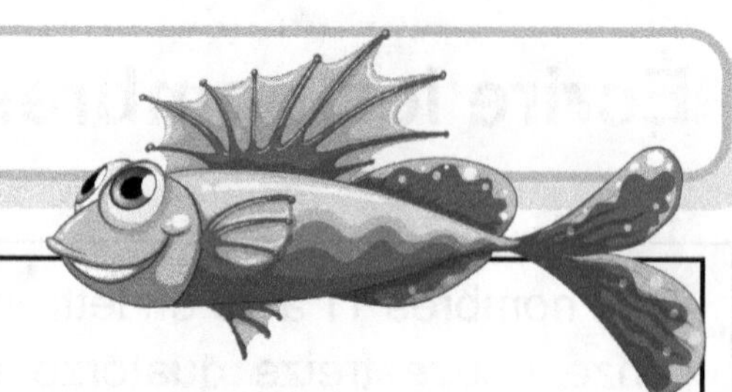

Pour arrondir à la dizaine près, regarde les unités.
Si le chiffre des unités est 0, 1, 2, 3 ou 4, arrondis à la dizaine **inférieure**.
Si le chiffre des unités est 5, 6, 7, 8 ou 9, arrondis à la dizaine **supérieure**.

Pour arrondir à la centaine près, regarde les dizaines.
Si le chiffre des dizaines est 0, 1, 2, 3 ou 4, arrondis à la centaine **inférieure**.
Si le chiffre des dizaines est 5, 6, 7, 8 ou 9, arrondis à la centaine **supérieure**.

Arrondis chaque nombre.

	Nombre	Arrondis à la dizaine près	Arrondis à la centaine près
1.	673		
2.	102		
3.	837		
4.	109		
5.	651		
6.	722		
7.	574		
8.	450		
9.	498		
10.	813		

Nombres ordinaux jusqu'à 10

1. Écris les nombres ordinaux. Conseil : La partie soulignée peut t'aider.

   premi**er**/premiè**re** **1er/1re** deuxièm**e** ________ troisièm**e** ________

   quatrièm**e** ________ cinquièm**e** ________ sixièm**e** ________

   septièm**e** ________ huitièm**e** ________ neuvièm**e** ________ dixièm**e** ________

2. Quelle est a) la première lettre de l'alphabet? ____
   b) la 9e lettre dans « récréation »? ____
   c) la deuxième lettre dans « hockey »? ____
   d) la 8e lettre de l'alphabet? ____
   e) la dixième lettre dans « Kapuskasing »? ____

3. Des élèves ont organisé un concours pour savoir lequel de leurs avions en papier volerait le plus loin.
   a) Benoit s'est classé dixième. Qui s'est classé premier? ________
   b) Qui occupe le quatrième rang? ________
   c) Quel rang Muriel occupe-t-elle? ________
   d) Quel rang Paul occupe-t-il? ________

Louis | | Josée | Lisa | Muriel | | Jules | | | Benoit | Paul

RÉFLÉCHIS BIEN

Fais un X sur le deuxième chat. Encercle le cinquième chat.

Additions et soustractions

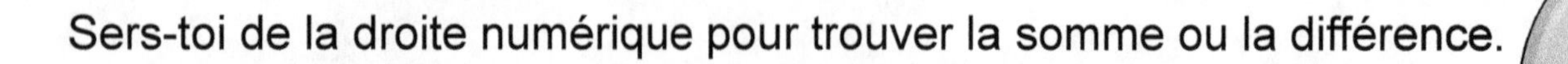

Sers-toi de la droite numérique pour trouver la somme ou la différence.

Tu peux trouver la somme de deux nombres en comptant normalement.
14 + 5 = 19 Compte : 14, 15, 16, 17, 18, 19

Tu peux trouver la différence entre deux nombres en comptant à rebours.
29 – 4 = 25 Compte : 29, 28, 27, 26, 25

26 + 3 =	17 + 2 =	16 – 5 =
27 – 5 =	18 + 9 =	18 + 2 =
16 – 3 =	29 – 8 =	22 + 6 =
16 + 5 =	30 – 5 =	19 – 1 =
18 + 7 =	15 + 7 =	11 – 4 =
28 – 9 =	2 + 25 =	13 – 7 =

Additions de nombres à trois chiffres sans regroupement

Aligne les unités, les dizaines et les centaines.

Additionne les unités.

centaines	dizaines	unités
2	2	3
+ 3	4	5
		8

Puis additionne les dizaines.

centaines	dizaines	unités
2	2	3
+ 3	4	5
	6	8

Puis additionne les centaines.

centaines	dizaines	unités
2	2	3
+ 3	4	5
5	6	8

1. Utilise un tableau de valeur de position pour t'aider à additionner. Surligne la colonne des unités en jaune. Surligne la colonne des dizaines en orange. Surligne la colonne des centaines en vert.

454	122	371	135	844
+ 231	+ 515	+ 327	+ 762	+ 130

412	376	462	284	933
+ 550	+ 412	+ 223	+ 311	+ 13

154	231	553	762	114
+ 833	+ 426	+ 311	+ 137	+ 630

482	612	334	220	152
+ 315	+ 340	+ 114	+ 613	+ 543

Additions de nombres à trois chiffres sans regroupement (suite)

2. Utilise un tableau de valeur de position pour t'aider à additionner. Surligne la colonne des unités en jaune. Surligne la colonne des dizaines en orange. Surligne la colonne des centaines en vert.

133 + 14 = ___	655 + 130 = ___	213 + 500 = ___	155 + 323 = ___	172 + 325 = ___
314 + 43 = ___	723 + 225 = ___	377 + 111 = ___	432 + 422 = ___	424 + 532 = ___
235 + 113 = ___	472 + 126 = ___	263 + 713 = ___	254 + 312 = ___	545 + 313 = ___
421 + 332 = ___	116 + 260 = ___	585 + 414 = ___	543 + 436 = ___	611 + 255 = ___
353 + 246 = ___	345 + 534 = ___	634 + 215 = ___	815 + 133 = ___	882 + 116 = ___

Additions de nombres à trois chiffres avec regroupement

Aligne les unités, les dizaines et les centaines.
Additionne les unités.
Puis additionne les dizaines.

S'il y a plus de 9 dizaines,
regroupe 10 dizaines pour former 1 centaine.
Ajoute la centaine à la colonne des centaines.
Écris le nombre de dizaines.
Écris le nombre de centaines.

centaines	dizaines	unités
1		
3	3	6
+ 2	9	3
6	2	9

Regroupe 10 des 12 dizaines pour former une centaine. Ajoute la centaine à la colonne des centaines en y écrivant 1.

1. Utilise un tableau de valeur de position pour t'aider à additionner. Surligne la colonne des unités en jaune. Surligne la colonne des dizaines en orange. Surligne la colonne des centaines en vert.

564 + 255	222 + 491	175 + 572	439 + 290	144 + 183
212 + 195	376 + 441	564 + 271	429 + 180	636 + 173
754 + 175	335 + 582	125 + 193	262 + 353	417 + 392

Additions de nombres à trois chiffres avec regroupement (suite)

2. Utilise un tableau de valeur de position pour t'aider à additionner. Conseil : S'il y a plus de 9 unités, regroupe 10 unités pour former 1 dizaine. Ajoute la dizaine à la colonne des dizaines.

□1 239 + 412 **651**	□□ 378 + 319	□□ 464 + 216	□□ 657 + 114	□□ 735 + 119
□□ 236 + 338	□□ 824 + 26	□□ 543 +229	□□ 727 + 264	□□ 348 + 338
□□ 347 + 419	□□ 717 + 148	□□ 834 + 19	□□ 239 + 431	□□ 555 + 226

3. Fais les additions. Regroupe les unités et les dizaines.

11 379 + 23 **402**	□□ 287 + 128	□□ 457 + 166	□□ 564 + 257	□□ 676 + 138

Décomposer pour former une dizaine – Addition

9 + 5 = 9 + **1** + **4** = **10** + **4** = **14**

9 + 1 = 10 il reste 4

38 + 5 = 38 + **2** + **3** = **40** + **3** = **43**

38 + 2 = 40 il reste 3

1. Fais les additions au moyen de dizaines.

a) 8 + 7 = ___ + ___ + ___ = ___ + ___ = ____

b) 25 + 9 = ___ + ___ + ___ = ___ + ___ = ____

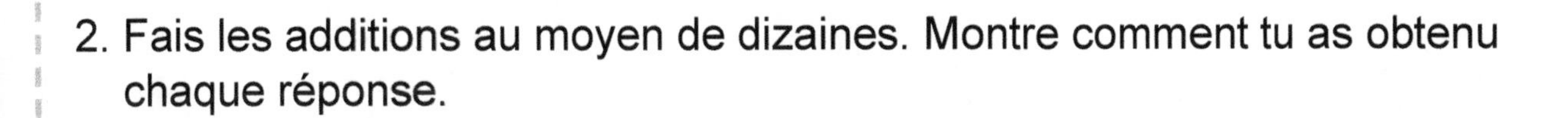

2. Fais les additions au moyen de dizaines. Montre comment tu as obtenu chaque réponse.

a) 34 + 7 =

b) 49 + 4 =

c) 73 + 8

d) 59 + 5 =

e) 48 + 13 =

f) 65 + 15 =

Soustractions de nombres à trois chiffres sans regroupement

Aligne les unités, les dizaines et les centaines.

Soustrais les unités.

centaines	dizaines	**unités**
4	8	7
– 1	4	4
		3

Puis soustrais les dizaines.

centaines	**dizaines**	unités
4	8	7
– 1	4	4
	4	3

Puis soustrais les centaines.

centaines	dizaines	unités
4	8	7
– 1	4	4
3	4	3

1. Utilise un tableau de valeur de position pour t'aider à soustraire. Surligne la colonne des unités en jaune. Surligne la colonne des dizaines en orange. Surligne la colonne des centaines en vert.

$358 - 111$ | $487 - 243$ | $129 - 13$ | $274 - 130$ | $633 - 312$

$578 - 123$ | $696 - 432$ | $584 - 372$ | $367 - 223$ | $985 - 514$

$849 - 527$ | $767 - 241$ | $425 - 315$ | $246 - 135$ | $536 - 516$

$486 - 31$ | $943 - 741$ | $398 - 323$ | $572 - 421$ | $433 - 130$

Soustractions de nombres à trois chiffres sans regroupement (suite)

2. Utilise un tableau de valeur de position pour t'aider à soustraire.

248 – 236	836 – 120	576 – 134	128 – 114	695 – 431
167 – 40	389 – 232	645 – 320	273 – 60	283 – 73
324 – 110	442 – 341	457 – 312	839 – 623	765 – 450
445 – 234	198 – 125	686 – 343	377 – 225	985 – 122

RÉFLÉCHIS BIEN

Utilise des cubes pour faire cette soustraction, 238 – 125. Fais un dessin pour montrer comment tu as obtenu la réponse.

Association soustraction/réponse

Relie la soustraction à sa réponse.

Soustraction	Réponse
245 − 131	667
396 − 252	103
697 − 30	431
528 − 212	322
473 − 222	316
138 − 35	114
779 − 348	144
484 − 162	251

Décomposer pour faire une dizaine – Soustraction

31 – ⑥ = 31 + **4** – 6 + **4** = 35 – 10 = 25
6 + 4 = 10 Alors, ajoute 4 à chaque nombre.

1. Simplifie le problème avec une dizaine. Puis soustrais.

a) 15 – 9 = 15 + **1** – 9 + **1** = ___ – ___ = ___ Ajoute **1** à chaque nombre.

b) 13 – 7 = ___ + ___ – ___ + ___ = ___ – ___ = ___ Ajoute ___ à chaque nombre.

c) 17 – 8 = ___ + ___ – ___ + ___ = ___ – ___ = ___ Ajoute ___ à chaque nombre.

d) 18 – 9 = ___ + ___ – ___ + ___ = ___ – ___ = ___ Ajoute ___ à chaque nombre.

e) 43 – 6 = Ajoute ___ à chaque nombre.

f) 34 – 5 = Ajoute ___ à chaque nombre.

g) 26 – 7 = Ajoute ___ à chaque nombre.

Décomposer pour faire une dizaine – Soustraction (suite)

23 – 18 = 23 + **2** – 18 + **2** = 25 – 20 = 5
18 + 2 = 20 Alors, ajoute 2 à chaque nombre.

2. Simplifie le problème avec une dizaine. Puis soustrais.

a) 34 – 17 = ___ + ___ – ___ + ___ = ___ – ___ = ___ Ajoute ___ à chaque nombre.

b) 28 – 19 = ___ + ___ – ___ + ___ = ___ – ___ = ___ Ajoute ___ à chaque nombre.

c) 22 – 16 = ___ + ___ – ___ + ___ = ___ – ___ = ___ Ajoute ___ à chaque nombre.

d) 34 – 15 = ___ + ___ – ___ + ___ = ___ – ___ = ___ Ajoute ___ à chaque nombre.

e) 43 – 35 = Ajoute ___ à chaque nombre.

f) 51 – 39 = Ajoute ___ à chaque nombre.

g) 35 – 26 = Ajoute ___ à chaque nombre.

Soustractions de nombres à trois chiffres avec regroupement

Aligne les unités, les dizaines et les centaines.
Soustrais les unités.

Emprunte 1 des centaines pour obtenir
10 dizaines à ajouter à la colonne des dizaines.
Écris le nombre de dizaines.
Écris le nombre de centaines.

centaines	dizaines	unités
5	14	
~~6~~	~~4~~	6
− 3	8	3
2	6	3

Tu ne peux pas soustraire 8 de 4. Alors emprunte 1 centaine à la colonne des centaines pour obtenir 10 dizaines. Tu as maintenant 14 dizaines.

1. Utilise un tableau de valeur de position pour t'aider à soustraire. Surligne la colonne des unités en jaune. Surligne la colonne des dizaines en orange. Surligne la colonne des centaines en vert.

$466 - 275 =$ ____ $317 - 136 =$ ____ $635 - 264 =$ ____ $556 - 293 =$ ____ $429 - 137 =$ ____

$238 - 158 =$ ____ $575 - 385 =$ ____ $674 - 494 =$ ____ $768 - 487 =$ ____ $424 - 242 =$ ____

$858 - 376 =$ ____ $789 - 296 =$ ____ $515 - 155 =$ ____ $974 - 383 =$ ____ $621 - 160 =$ ____

Soustractions de nombres à trois chiffres avec regroupement (suite)

2. Utilise un tableau de valeur de position pour t'aider à soustraire. Tu devras faire un regroupement.

□ 3 10 4 4 0 − 1 2 9 3 1 1	□□□ 4 6 0 − 1 6 5	□□□ 3 6 7 − 1 4 8	□□□ 2 4 2 − 1 2 4	□□□ 6 9 1 − 1 7 6
□□□ 5 8 1 − 3 6 6	□□□ 2 3 0 − 1 1 8	□□□ 5 4 1 − 2 3 4	□□□ 4 5 3 − 2 4 5	□□□ 3 8 0 − 2 1 9
□□□ 8 7 3 − 3 1 4	□□□ 2 5 2 − 1 3 9	□□□ 6 9 2 − 3 5 6	□□□ 2 8 2 − 1 3 7	□□□ 5 3 7 − 3 1 8

3. Fais les soustractions. Fais un regroupement à partir de la colonne des dizaines et de celle des centaines, si nécessaire.

□□□ 4 2 5 − 1 9 1	□□□ 6 3 9 − 3 9 4	□□□ 9 5 3 − 3 1 6	□□□ 3 4 0 − 2 4 5	□□□ 5 3 2 − 2 7 6

Problèmes à résoudre

Décide si tu dois faire une addition ou une soustraction. Souligne les mots qui t'aident à décider. Puis résous le problème. Écris l'équation. Encercle **Addition** ou **Soustraction**.

1. Sabine a 125 billes. Elle en donne 76 à David. Combien de billes lui reste-t-il?

   Addition

   Soustraction

   Il lui reste ________ billes.

2. Les élèves de Mme Souligny ont 186 bulbes de tulipes à planter. Ils plantent 79 bulbes. Combien de bulbes leur reste-t-il à planter?

   Addition

   Soustraction

   Il leur reste ________ bulbes.

3. Pierre a obtenu 254 points dans son jeu d'ordinateur. Nicolas a obtenu 178 points. Combien de points ont-ils obtenus en tout?

   Addition

   Soustraction

   Ils ont obtenu ________ points en tout.

4. Michel a collectionné 379 timbres. Magalie a collectionné 314 timbres. Combien de timbres ont-ils collectionnés en tout?

   Addition

   Soustraction

   Ils ont collectionné ________ timbres en tout.

Devinette avec de l'argent

Pourquoi les poissons-chats sont-ils malheureux?

____ ____ ____ | ____ ____ ____ ____ ____

75 ¢ 2,35 $ 1,50 $ | 2,50 $ 25 ¢ 2 $ 1,50 $ 1,50 $

____ ____ ____ - ____ ____ ____ ____ ____

25 ¢ 3 $ 1,50 $ - 1,50 $ 25 ¢ 1,25 $ 1,20 $ 2 $

____ | ____ ' ____ ____ ____ ____ ____ ____

1,50 $ | 3 $ ' 2,35 $ 4 $ 2 $ 1,50 $ 50 ¢ 2,35 $

____ ____ | ____ ____ ____ .

3 $ 50 ¢ | 2,50 $ 1 $ 1,50 $.

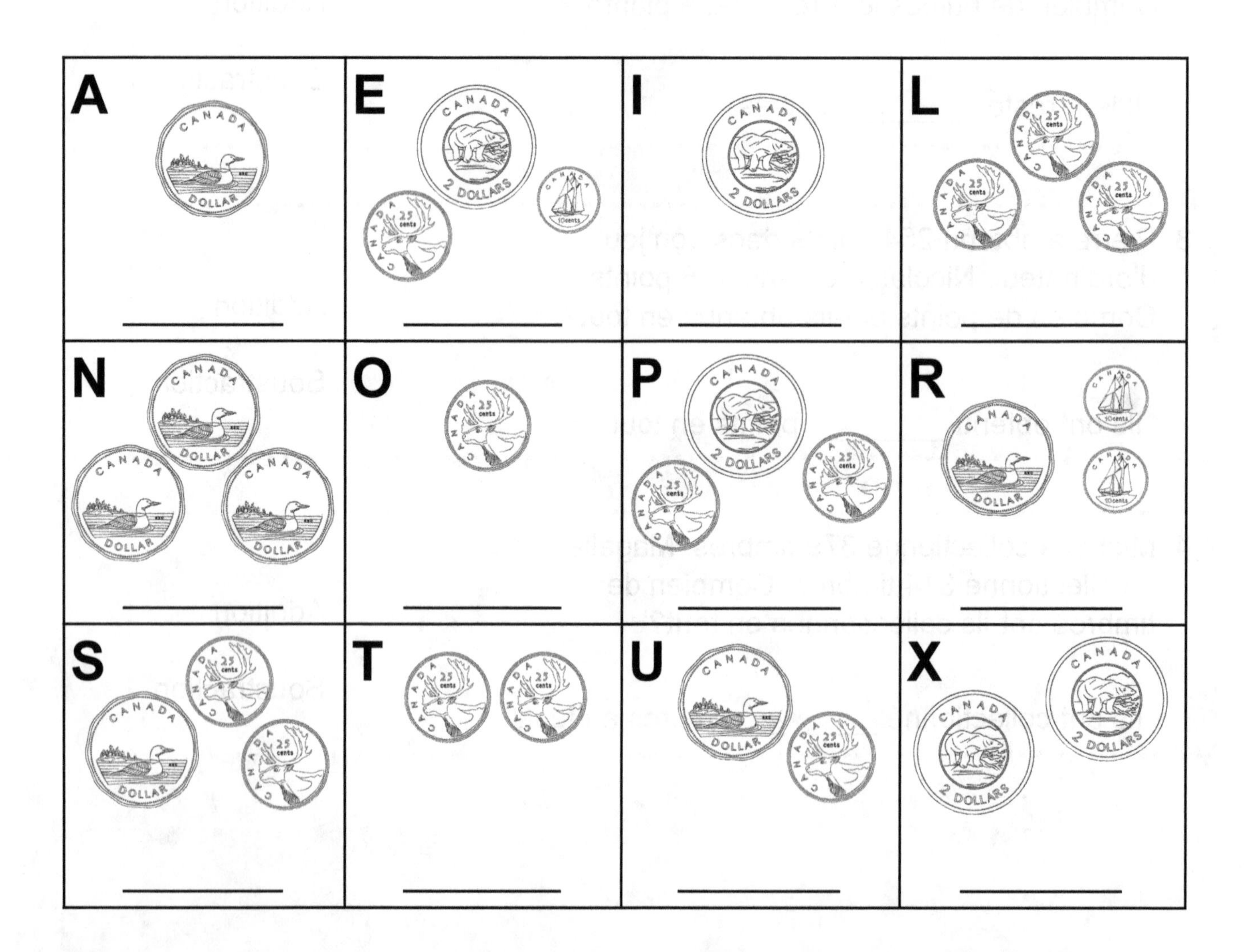

Compter avec des pièces de monnaie

Trouve la valeur totale de chaque groupe de pièces de monnaie. N'oublie pas d'utiliser le symbole $ et de le placer après le montant.

1.

____

2.

____

3.

____

4.

____

5.

____

Estimer une somme d'argent

1.

Estimation : ______,______ $ **Compte :** ______,______ $

2.

Estimation : ______,______ $ **Compte :** ______,______ $

3.

Estimation : ______,______ $ **Compte :** ______,______ $

4.

Estimation : ______,______ $ **Compte :** ______,______ $

Équivalences dans les pièces de monnaie

Trouve la valeur totale. Puis utilise le moins de pièces possible pour obtenir la même valeur. Dessine les pièces.

Valeur totale : 1,35 $

1 $ 25 ¢ 10 ¢

1 $ + 0,25 $ + 0,10 $ = 1,35 $

a)

Valeur totale : ________

b)

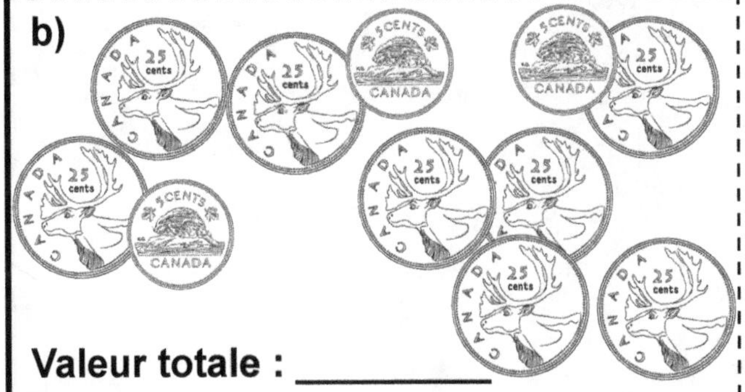

Valeur totale : ________

c)

Valeur totale : ________

d)

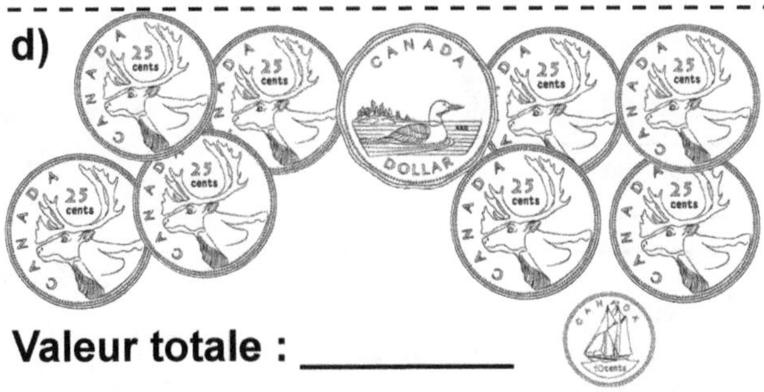

Valeur totale : ________

Comparer des sommes d'argent

1. Compare les sommes, puis écris >, < ou = dans le ◯.

a)

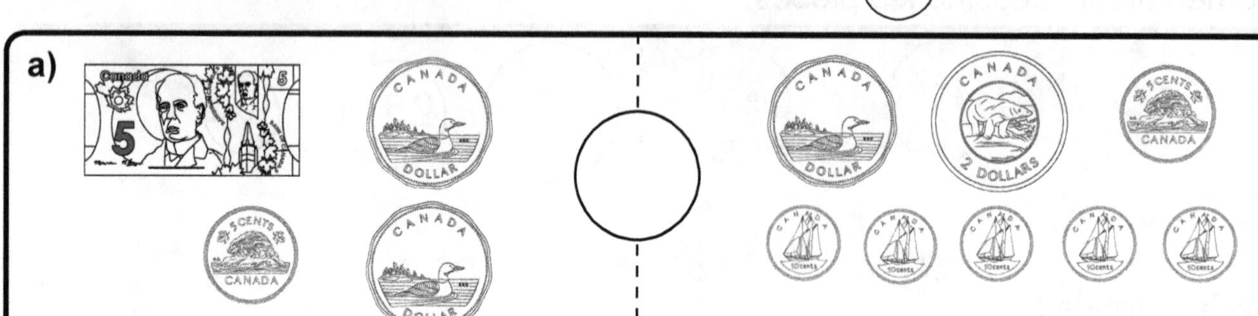

Quelle est la valeur totale? _______ | Quelle est la valeur totale? _______

b)

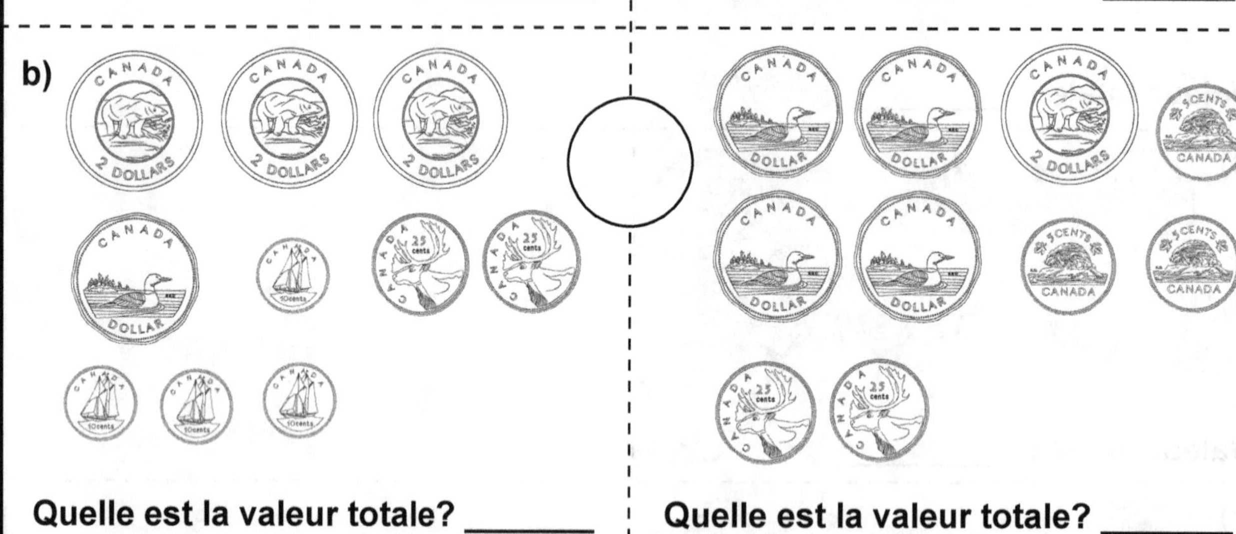

Quelle est la valeur totale? _______ | Quelle est la valeur totale? _______

RÉFLÉCHIS BIEN

Écris les sommes d'argent en chiffres.

1. quatre dollars et cinquante cents ____________________
2. neuf dollars et quarante-cinq cents ____________________
3. deux dollars et vingt-cinq cents ____________________

Comparer des sommes d'argent (suite)

2. Compare les sommes, puis écris >, < ou = dans le ◯.

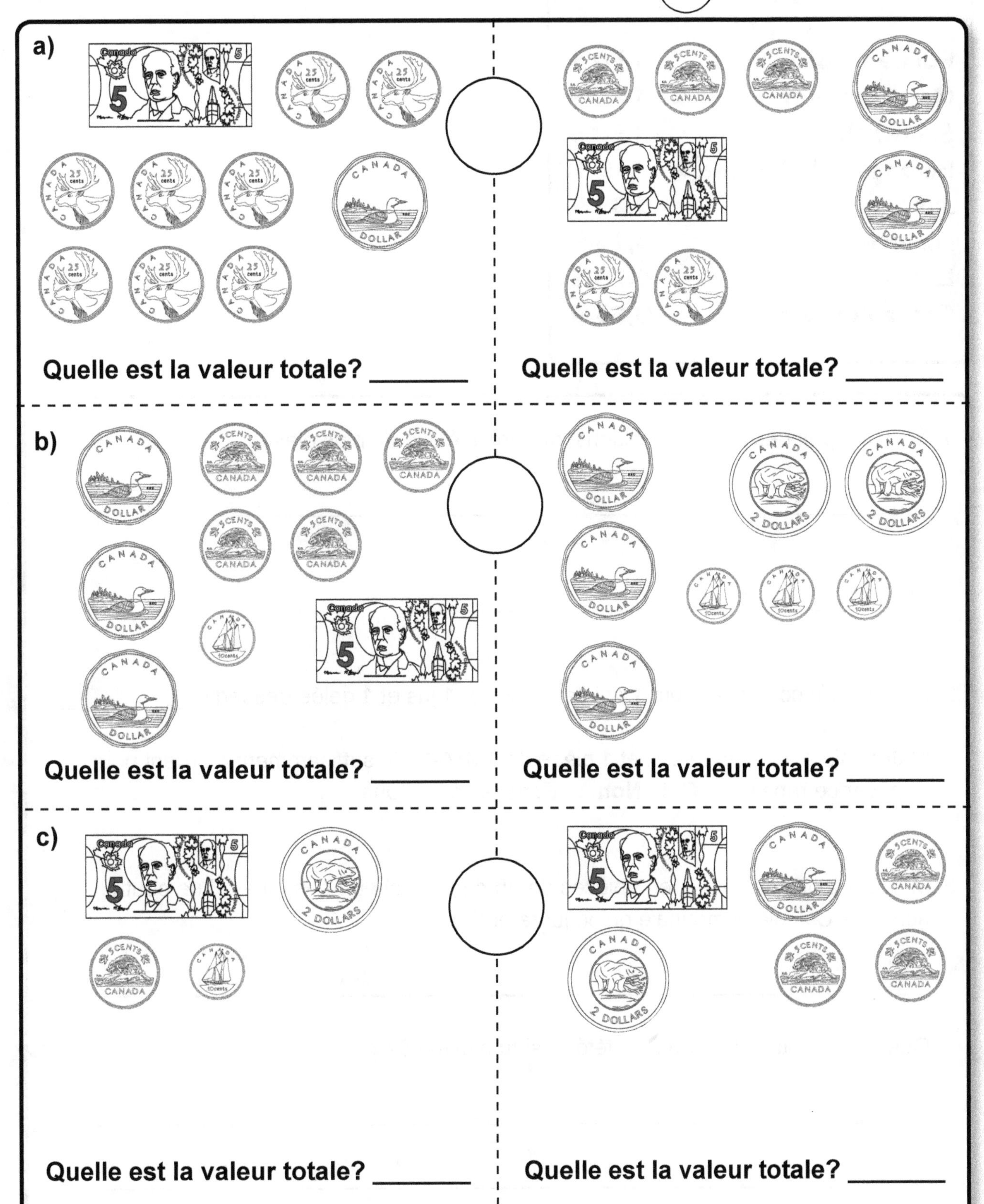
a)
Quelle est la valeur totale? _______
Quelle est la valeur totale? _______
b)
Quelle est la valeur totale? _______
Quelle est la valeur totale? _______
c)
Quelle est la valeur totale? _______
Quelle est la valeur totale? _______

À la cafétéria

Menu

Pointe de pizza	1,50 $
Macaroni au fromage	1,80 $
Sandwich	1,90 $
Bâtonnets de légume	1,15 $
Jus	0,85 $
Limonade	0,95 $
Lait	0,90 $
Gelée dessert	0,65 $

1. Écris les prix des mets et boissons, du moins élevé au plus élevé.

_____________ _____________ _____________ _____________

_____________ _____________ _____________ _____________

2. a) Combien coûtent en tout 1 pointe de pizza, 1 jus et 1 gelée dessert?_____________

   b) Joannie a 1 pièce de 2 $, et 1 pièce de 1 $. A-t-elle suffisamment d'argent pour payer ce repas? **Oui** **Non** Écris les équations.

3. Marco a 2 pièces de 2 $, et 3 pièces de 25 ¢ pour acheter son dîner. Que peut-il acheter? Calcule la monnaie qu'on lui remettra.

____ _______________

4. Que pourrais-tu acheter à la cafétéria si tu avais 6 $?

____

____

Groupements

Dans ce groupement, il y a 2 rangées, et 4 carrés dans chaque rangée.
Compte par intervalles de 4 pour compter les carrés.
L'équation de multiplication est 2 x 4 = 8.

1. Écris une équation de multiplication pour chaque groupement.

2 rangées, et **3** carrés dans chaque rangée **2 x 3 = 6**

a) 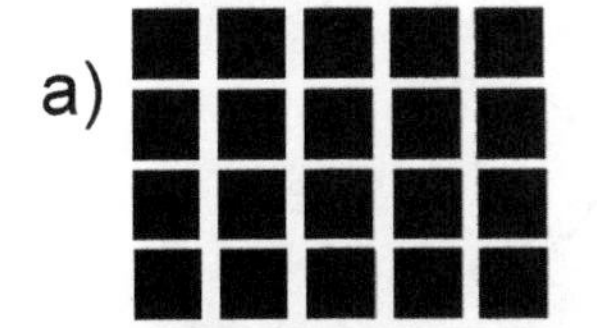 __ rangées, et ___ carrés dans chaque rangée _______

b) 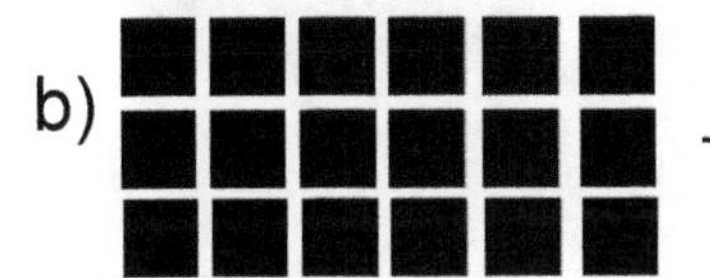 __ rangées, et ___ carrés dans chaque rangée _______

c)  __ rangées, et ___ carrés dans chaque rangée _______

2. Écris une équation de multiplication pour chaque groupement.

a)  _________

b) 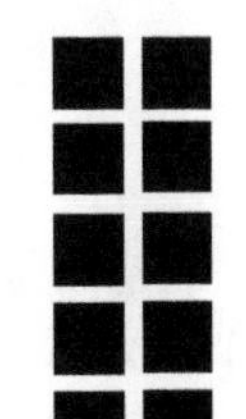 _________

c) 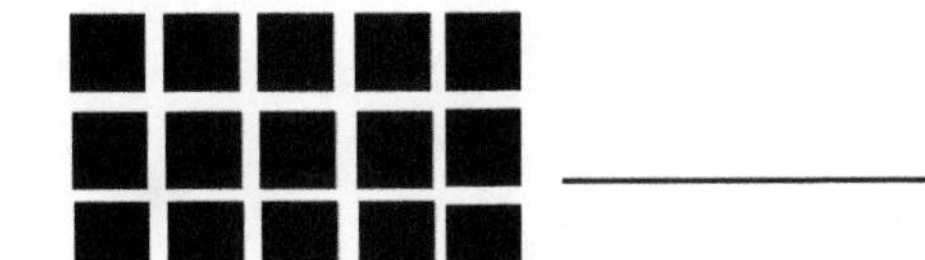 _________

d)  _________

Groupements (suite)

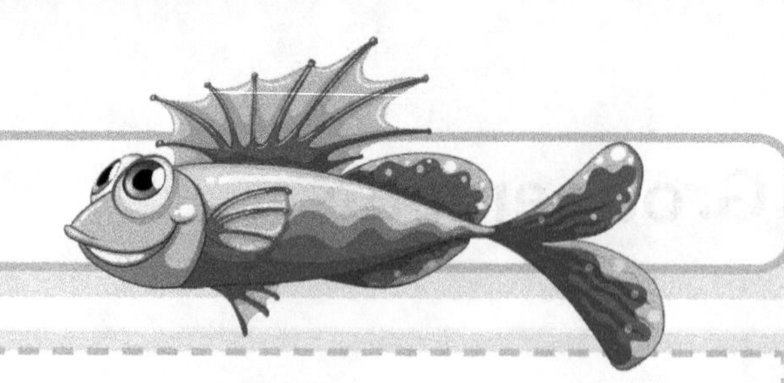

3. Dessine un groupement pour chaque multiplication. Complète l'équation.

a) 5 x 3

b) 4 x 6

c) 1 x 5

d) 2 x 7

e) 3 x 4

f) 6 x 2

g) 4 x 4

h) 6 x 1

i) 3 x 2

j) 7 x 4

k) 2 x 5

l) 5 x 5

Multiplier en comptant par bonds

Quand tu multiplies deux nombres, le résultat porte le nom de produit. Compte par bonds sur la droite numérique pour multiplier. Écris le produit.

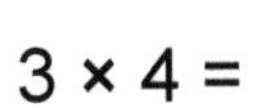

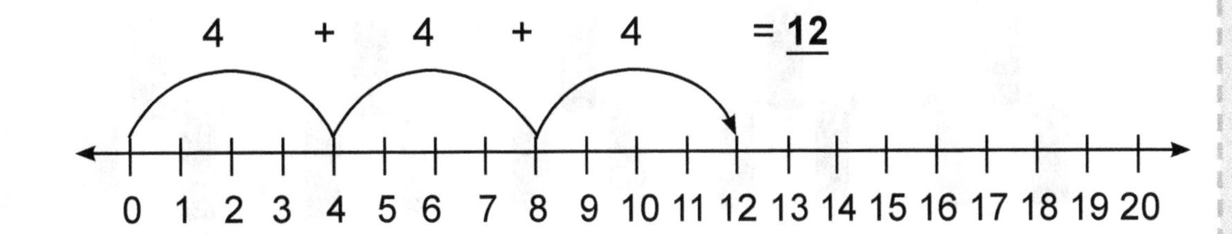

3 × 4 = **12**

4 × 5 =

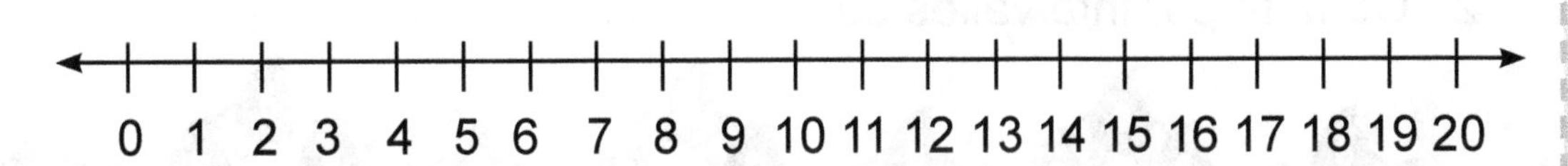

4 × 5 = ______

2 × 5 =

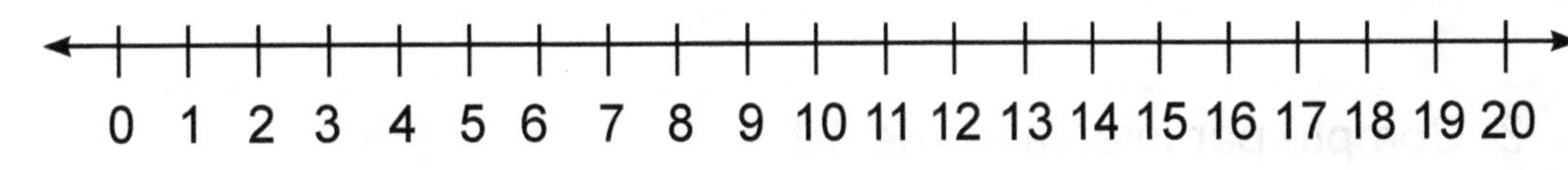

2 × 5 = ______

2 × 9 =

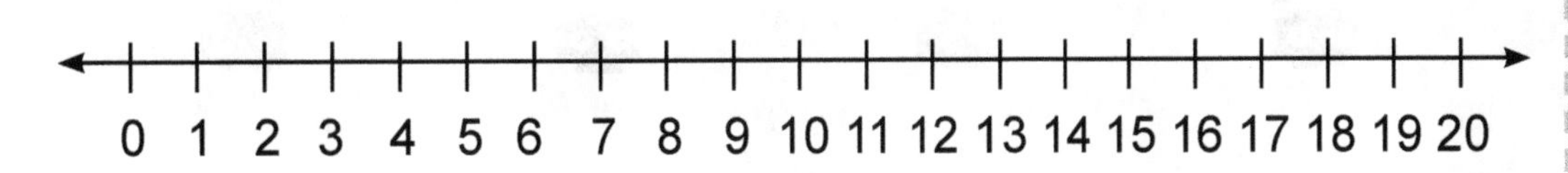

2 × 9 = ______

Compter par intervalles

Trouve les nombres qui manquent.

1. Compte par intervalles de 3.

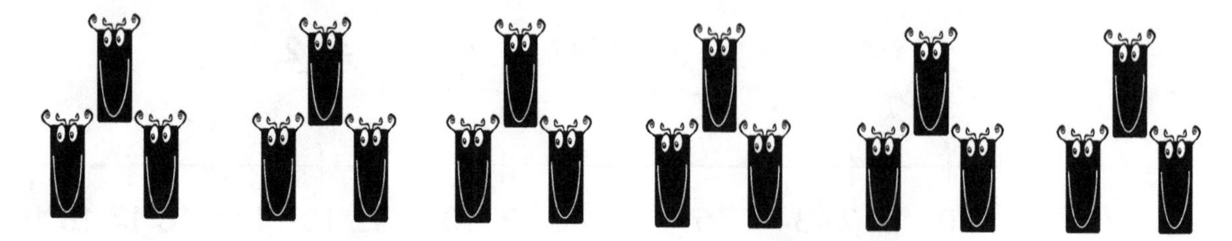

Il y a _________ groupes de trois créatures. Il y a _________ créatures en tout.

2 . Compte par intervalles de 5.

Il y a _________ groupes de cinq créatures. Il y a _________ créatures en tout.

3. Compte par intervalles de 10.

Il y a _________ groupes de dix créatures. Il y a _________ créatures en tout.

Addition et multiplication

1. Écris l'équation d'addition et l'équation de multiplication.

Regarde les groupes de 3.

Équation d'addition	Équation de multiplication
Il y a 3 groupes égaux.	Il y a 3 groupes de 3.
$3 + 3 + 3 =$ **9**	$3 \times 3 =$ **9**

$6 + 6 =$ ____ $2 \times 6 =$ ____

$2 + 2 + 2 =$ ____ $3 \times 2 =$ ____

$10 + 10 =$ ____ $2 \times 10 =$ ____

$3 + 3 + 3 + 3 =$ ____ $4 \times 3 =$ ____

$7 + 7 =$ ____ $2 \times 7 =$ ____

$8 + 8 =$ ____ $2 \times 8 =$ ____

Addition et multiplication (suite)

2. Écris l'équation d'addition et l'équation de multiplication.

___ + ___ + ___ = ___ ___ × ___ = ___

___ + ___ = ___ ___ × ___ = ___

___ + ___ = ___ ___ × ___ = ___

___ + ___ + ___ + ___ + ___ = ___ ___ × ___ = ___

___ + ___ = ___ ___ × ___ = ___

___ + ___ + ___ + ___ = ___ ___ × ___ = ___

___ + ___ + ___ + ___ = ___ ___ × ___ = ___

___ + ___ = ___ ___ × ___ = ___

___ + ___ + ___ + ___ + ___ = ___ ___ × ___ = ___

Utiliser des doubles pour multiplier

Quel est le double de 13?

13 = 10 + 3
Le double de 10 est 20.
Le double de 3 est 6.
20 + 6 = 26
Le double de 13 est 26.

1. Dessine un modèle. Puis trouve le double.

Quel est le double de 15?

15 = 10 + ___

Le double de 10 est ___.

Le double de ___ est ___.

__ + __ = __

Le double de 15 est ___.

Quel est le double de 17?

17 = 10 + ___

Le double de 10 est ___.

Le double de ___ est ___.

__ + __ = __

Le double de 17 est ___.

Quel est le double de 14?

14 = 10 + ___

Le double de 10 est ___.

Le double de ___ est ___.

__ + __ = __

Le double de 14 est ___.

Quel est le double de 21?

21 = 20 + ___

Le double de 20 est ___.

Le double de ___ est ___.

__ + __ = __

Le double de 21 est ___.

Utiliser des doubles pour multiplier (suite)

Si tu sais combien donne 2 fois un nombre, tu peux doubler le résultat pour trouver combien donne 4 fois le nombre.

Pour 4 x 6, tu sais que :
2 x 6 = 12.
Le double de 2 est 4. Double ce produit et tu obtiens 24.

Alors, 4 x 6 = 24.

2. Utilise des doubles pour multiplier. Dessine un groupement pour t'aider.

a) 2 × 7 = ___

Alors, 4 × 7 = _____

b) 2 × 8 = ___

Alors, 4 × 8 = ___

c) 2 × 5 = ___

Alors, 4 × 5 = ___

d) 2 × 9 = ___

Alors, 4 × 9 = ___

e) 3 × 5 = ___

Alors, 6 × 5 = ___

f) 3 × 6 = ___

Alors, 6 × 6 = ___

Jeu d'association

Écris chaque somme et chaque produit. Puis relie la somme au produit correspondant.

4 + 4 = ______ ●	● 2 × 8 = ______
6 + 6 + 6 = ______ ●	● 6 × 5 = ______
2 + 2 + 2 + 2 + 2 + 2 + 2 + 2 + 2 + 2 = ______ ●	● 3 × 2 = ______
2 + 2 + 2 = ______ ●	● 4 × 3 = ______
1 + 1 = ______ ●	● 7 × 10 = ______
9 + 9 = ______ ●	● 3 × 6 = ______
3 + 3 + 3 + 3 = ______ ●	● 10 × 2 = ______
10 + 10 + 10 + 10 + 10 + 10 + 10 = ______ ●	● 2 × 1 = ______
2 + 2 = ______ ●	● 2 × 3 = ______
8 + 8 = ______ ●	● 2 × 4 = ______
9 + 9 + 9 + 9 + 9 + 9 + 9 + 9 + 9 = ______ ●	● 4 × 2 = ______
3 + 3 = ______ ●	● 2 × 2 = ______
2 + 2 + 2 + 2 = ______ ●	● 2 × 7 = ______
7 + 7 = ______ ●	● 9 × 9 = ______
5 + 5 + 5 + 5 + 5 + 5 = ______ ●	● 2 × 9 = ______

Indice : Le résultat de l'addition est **la somme**.
Le résultat de la multiplication est **le produit**.

Multiplier tout en s'amusant

Trouve le produit.

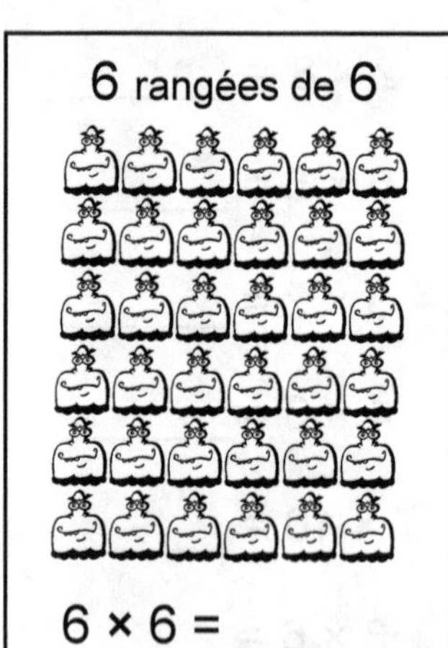

6 rangées de 6

6 × 6 = ________

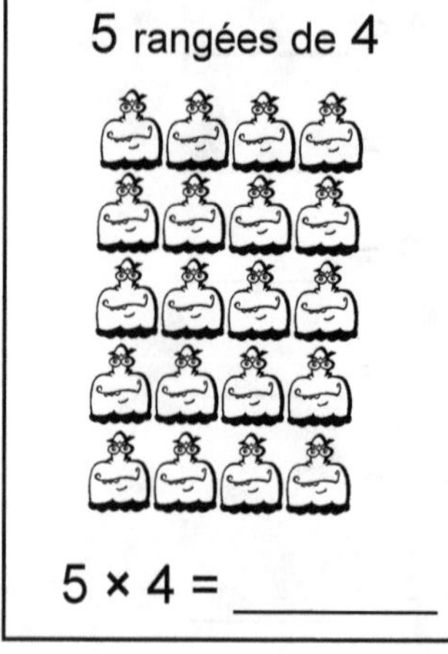

5 rangées de 4

5 × 4 = ________

2 rangées de 5

2 × 5 = ________

4 rangées de 3

4 × 3 = ________

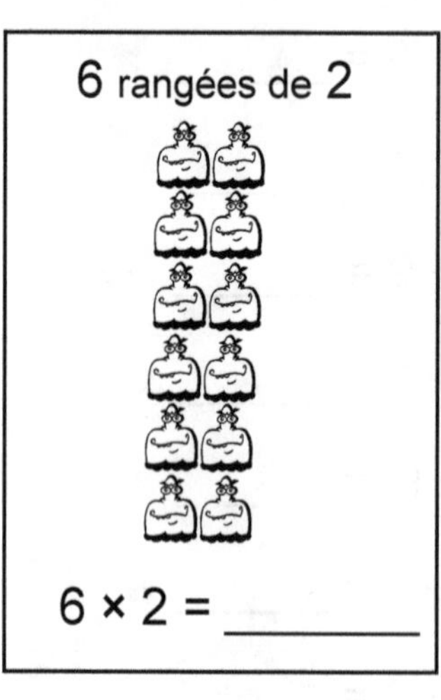

6 rangées de 2

6 × 2 = ________

4 rangées de 2

4 × 2 = ________

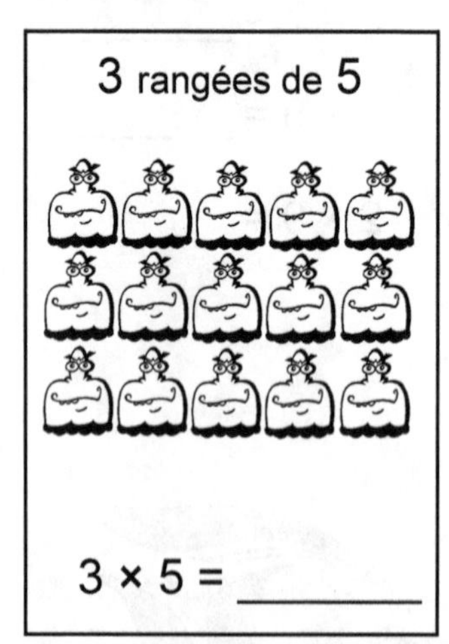

3 rangées de 5

3 × 5 = ________

3 rangées de 3

3 × 3 = ________

4 rangées de 6

4 × 6 = ________

Devinette de multiplication

Pourquoi le robot est-il retourné à l'école?

___ ___ ___ ___ ___ | ___ ___ ' ___ ___ | ___ ___ ___ ___ ___ |
6 20 0 18 8 | 10 9 ' 15 14 | 8 16 20 15 16 |

___ ___ | ___ ___ ___ | ___ ___ ___ ___ ___ ___ ___ !
9 12 | 6 8 9 | 0 25 9 15 14 14 8 !

A	C	E	I
$5 \times 4 =$ ___	$6 \times 3 =$ ___	$4 \times 2 =$ ___	$3 \times 5 =$ ___
L	**N**	**O**	**P**
$7 \times 2 =$ ___	$3 \times 4 =$ ___	$5 \times 5 =$ ___	$3 \times 2 =$ ___
Q	**R**	**S**	**T**
$5 \times 2 =$ ___	$0 \times 5 =$ ___	$1 \times 4 =$ ___	$4 \times 4 =$ ___
U			
$3 \times 3 =$ ___			

Attention! Les lettres ne sont pas toutes utilisées dans la réponse!

Multiplier par 1, 2 et 3

Fais les multiplications.

$6 \times 3 =$ ___	$1 \times 3 =$ ___	$9 \times 1 =$ ___	$2 \times 1 =$ ___	$4 \times 2 =$ ___
$5 \times 2 =$ ___	$5 \times 3 =$ ___	$1 \times 2 =$ ___	$8 \times 2 =$ ___	$9 \times 3 =$ ___
$3 \times 2 =$ ___	$4 \times 1 =$ ___	$0 \times 2 =$ ___	$2 \times 3 =$ ___	$3 \times 1 =$ ___
$0 \times 3 =$ ___	$5 \times 1 =$ ___	$2 \times 2 =$ ___	$6 \times 1 =$ ___	$7 \times 2 =$ ___
$3 \times 3 =$ ___	$6 \times 2 =$ ___	$8 \times 3 =$ ___		

Des doubles, plus un autre groupement

Trouve le double du nombre. Puis ajoute un autre groupement.

$3 \times 4 =$

$2 \times 4 = 8$

$3 \times 4 =$ **<u>12</u>**

Le double de 4 est **<u>8</u>**.

Une rangée a **<u>4</u>** cercles.

$8 + 4 =$ **<u>12</u>**.

Alors, $3 \times 4 =$ **<u>12</u>**.

$3 \times 5 =$

$2 \times 5 =$ _____

$3 \times 5 =$ _____

Le double de 5 est _____.

Une rangée a _____ cercles.

10 + _____ = _____.

Alors, $3 \times 5 =$ _____.

$3 \times 7 =$

$2 \times 7 =$ _____

$3 \times 7 =$ _____

Le double de 7 est _____.

Une rangée a _____ cercles.

_____ + _____ = _____.

Alors, $3 \times 7 =$ _____.

$3 \times 6 =$

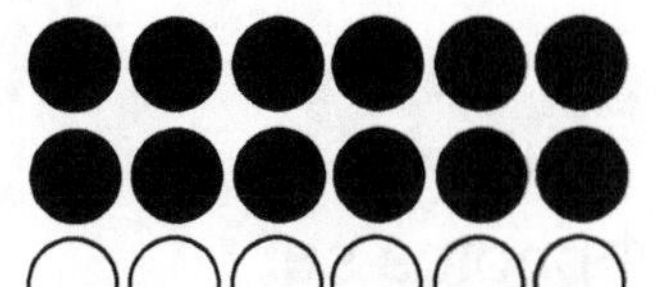

$2 \times 6 =$ _____

$3 \times 6 =$ _____

Le double de 6 est _____.

Une rangée a _____ cercles.

_____ + _____ = _____.

Alors, $3 \times 6 =$ _____.

Multiplier par 4, 5 et 6

Sers-toi d'un groupement pour t'aider à trouver le produit.

6 × 4 = ____	1 × 4 = ____	9 × 6 = ____	2 × 6 = ____	4 × 5 = ____
5 × 5 = ____	5 × 4 = ____	1 × 6 = ____	8 × 5 = ____	9 × 4 = ____
3 × 5 = ____	4 × 6 = ____	0 × 5 = ____	2 × 4 = ____	3 × 6 = ____
0 × 4 = ____	5 × 6 = ____	2 × 5 = ____	6 × 6 = ____	7 × 5 = ____

RÉFLÉCHIS BIEN

Béatrice a un album de photos. Son album a 8 pages. Il y a 4 photos sur chaque page. Combien y a-t-il de photos en tout dans l'album? Fais un dessin pour expliquer ta réponse.

Multiplier par 7, 8 et 9

Sers-toi d'un groupement pour t'aider à trouver le produit.

6 × 9 = ___	1 × 9 = ___	9 × 7 = ___	2 × 7 = ___	4 × 8 = ___
5 × 8 = ___	5 × 9 = ___	1 × 7 = ___	8 × 8 = ___	9 × 9 = ___
3 × 8 = ___	4 × 7 = ___	0 × 8 = ___	2 × 9 = ___	3 × 7 = ___
0 × 9 = ___	5 × 7 = ___	2 × 8 = ___	6 × 7 = ___	7 × 7 = ___

RÉFLÉCHIS BIEN

Théo a une étagère à 8 tablettes. Sur chaque tablette, il y a 9 livres. Combien de livres y a-t-il en tout sur les tablettes? Fais un dessin pour expliquer ta réponse.

Multiplier par 10

Trouve le produit en te servant de ta stratégie préférée.

1 × 10 ___	9 × 10 ___	2 × 10 ___	6 × 10 ___	4 × 10 ___
5 × 10 ___	3 × 10 ___	7 × 10 ___	10 × 10 ___	8 × 10 ___
9 × 10 ___	2 × 10 ___	5 × 10 ___	6 × 10 ___	1 × 10 ___
0 × 10 ___	7 × 10 ___	4 × 10 ___	3 × 10 ___	10 × 10 ___
1 × 10 ___	2 × 10 ___	6 × 10 ___		

Blague de maths

Complète les équations pour trouver la réponse.

Pourquoi David a-t-il lancé une horloge par la fenêtre?

$4 \times 9 =$	☐	**A**	$6 \times 5 =$	☐	**O**
$3 \times 9 =$	☐	**E**	$6 \times 2 =$	☐	**P**
$3 \times 3 =$	☐	**I**	$10 \times 10 =$	☐	**Q**
$4 \times 4 =$	☐	**L**	$8 \times 8 =$	☐	**S**
$5 \times 5 =$	☐	**M**	$2 \times 4 =$	☐	**T**
$2 \times 2 =$	☐	**N**	$10 \times 7 =$	☐	**U**
			$8 \times 5 =$	☐	**V**

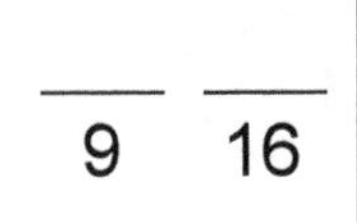
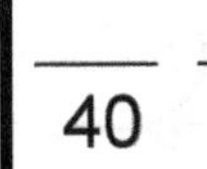
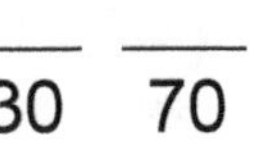
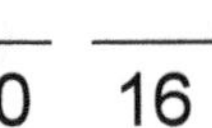
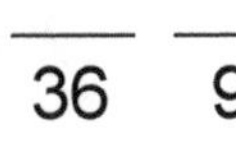
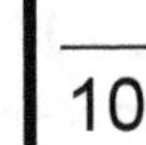

__ __ | __ __ __ __ __ __ __ | __ __ __ | __ __

9 16 | 40 30 70 16 36 9 8 | 100 70 27 | 16 27

__ __ __ __ __ | __ ' __ __ __ __ __ __ !

8 27 25 12 64 | 64 27 4 40 30 16 27

RÉFLÉCHIS BIEN

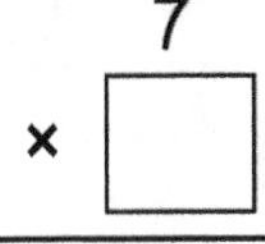

7	9	6	8
× ☐	× ☐	× ☐	× ☐
56	81	42	64

Initiation à la division

Utilise des cercles pour diviser les créatures en groupes. Complète l'équation de division.

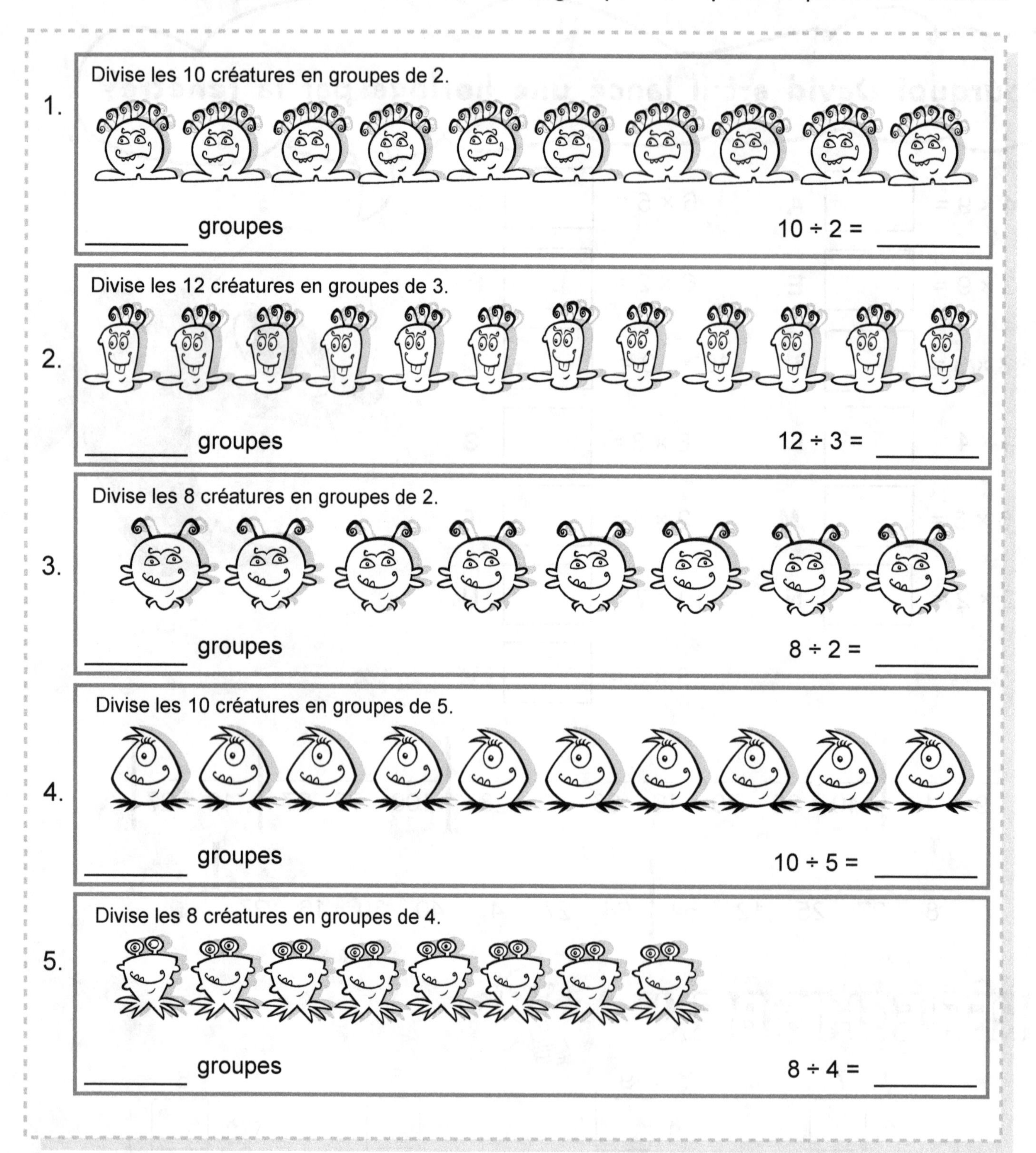

1. Divise les 10 créatures en groupes de 2.
_______ groupes
10 ÷ 2 = _______
2. Divise les 12 créatures en groupes de 3.
_______ groupes
12 ÷ 3 = _______
3. Divise les 8 créatures en groupes de 2.
_______ groupes
8 ÷ 2 = _______
4. Divise les 10 créatures en groupes de 5.
_______ groupes
10 ÷ 5 = _______
5. Divise les 8 créatures en groupes de 4.
_______ groupes
8 ÷ 4 = _______

Diviser en comptant par bonds

Fais les divisions en comptant par bonds sur la droite numérique. Écris la réponse.

18 ÷ 3 =

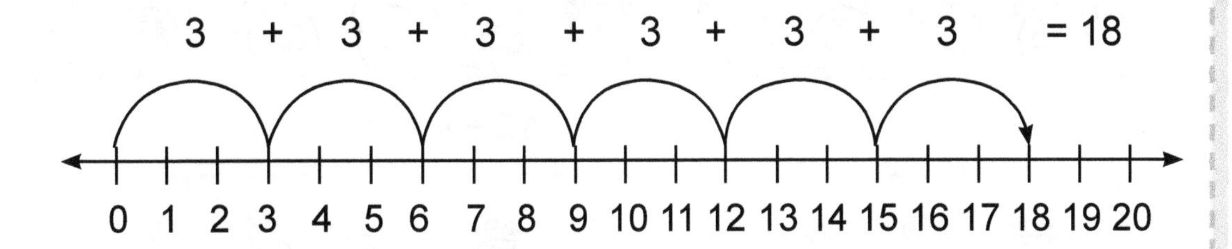

Il faut **6** bonds de 3 unités pour atteindre ___. 18 ÷ 3 = **6**

16 ÷ 2 =

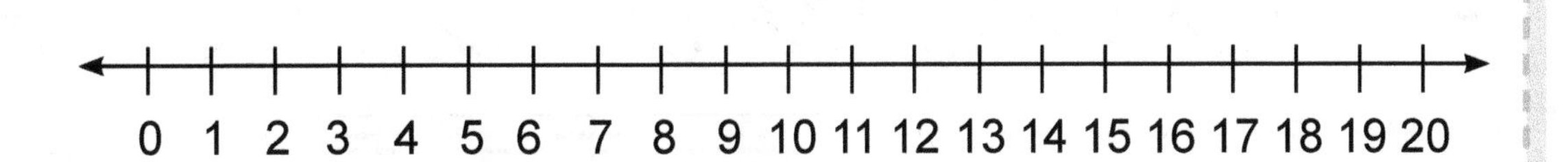

Il faut ___ bonds de ___ pour atteindre ___. 16 ÷ 2 = ___

15 ÷ 5 =

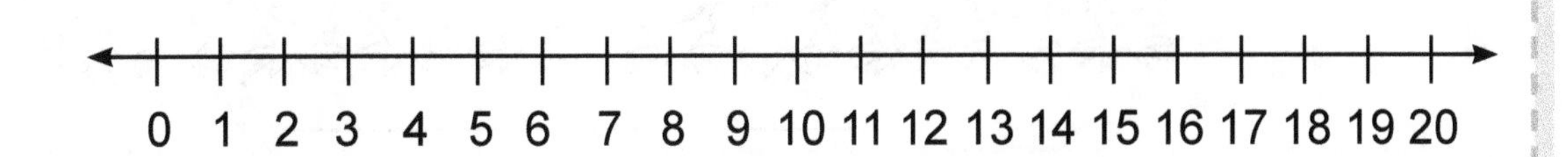

Il faut ___ bonds de ___ pour atteindre ___. 15 ÷ 5 = ___

20 ÷ 4 =

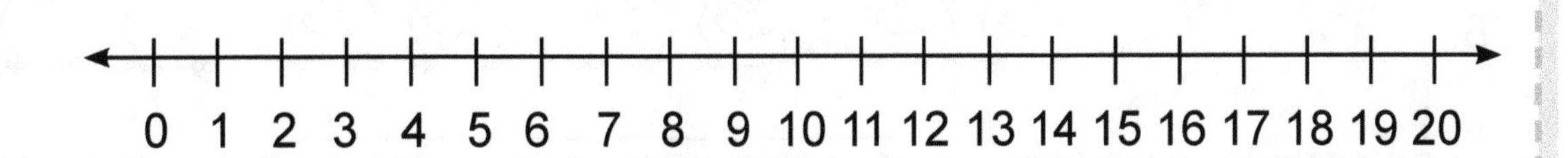

Il faut ___ bonds de ___ pour atteindre ___. 20 ÷ 4 = ___

Divisions amusantes

Écris l'équation.

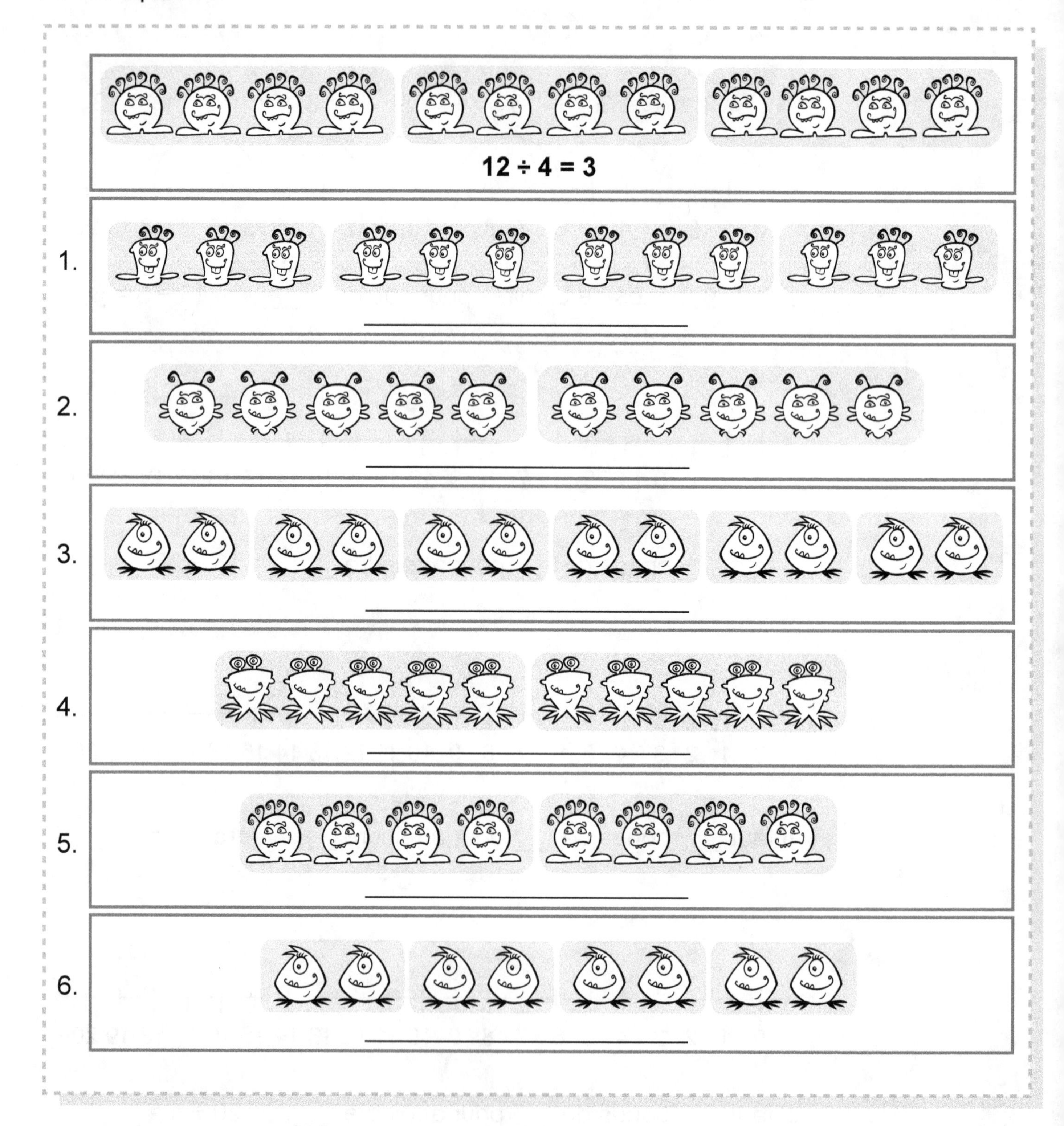

Devinette de division

Quelle tâche le cheval préfère-t-il?

__ __ __ __ __ | __ __ __ | __ __ __ __ __ __ __ !

4 2 7 8 3 | 1 3 1 | 6 5 9 8 1 3 1

A	C	E	F
10 ÷ 5 = ______	18 ÷ 3 = ______	12 ÷ 4 = ______	16 ÷ 4 = ______
I	**O**	**R**	**S**
28 ÷ 4 = ______	10 ÷ 2 = ______	16 ÷ 2 = ______	8 ÷ 8 = ______
U			
9 ÷ 1 = ______			

RÉFLÉCHIS BIEN

Benjamin a planté 40 arbres. Il y a 8 arbres dans chaque rangée. Combien de rangées d'arbres y a-t-il? Dessine des groupements. Résous le problème.

Lien entre l'addition et la division

Trouve les nombres manquants.

1. $4 + 4 + 4 =$ ______ ______ $\div 4 = 3$
   ______ groupes du nombre ______
2. $3 + 3 + 3 + 3 + 3 + 3 + 3 + 3 + 3 =$ ______ ______ $\div 3 = 9$
   ______ groupes du nombre ______
3. $10 + 10 + 10 + 10 + 10 =$ ______ ______ $\div 10 = 5$
   ______ groupes du nombre ______
4. $5 + 5 =$ ______ $10 \div$ ______ $= 2$
   ______ groupes du nombre ______
5. $6 + 6 + 6 + 6 =$ ______ ______ $\div 6 = 4$
   ______ groupes du nombre ______
6. $4 + 4 + 4 + 4 + 4 + 4 + 4 + 4 =$ ______ $32 \div 4 =$ ______
   ______ groupes du nombre ______
7. $5 + 5 + 5 + 5 + 5 + 5 =$ ______ ______ $\div 5 = 6$
   ______ groupes du nombre ______
8. $2 + 2 + 2 + 2 + 2 + 2 + 2 + 2 =$ ______ $16 \div$ ______ $= 8$
   ______ groupes du nombre ______
9. $5 + 5 + 5 + 5 + 5 + 5 + 5 + 5 =$ ______ $40 \div 5 =$ ______
   ______ groupes du nombre ______
10. $4 + 4 + 4 + 4 + 4 =$ ______ $20 \div 4 =$ ______
    ______ groupes du nombre ______

Relation entre la multiplication et la division

Trouve les nombres manquants.

5 × 6 = 30

30 ÷ 6 = ________

2 × 2 = 4

4 ÷ 2 = ________

3 × 5 = 15

15 ÷ 5 = ________

1 × 3 = 3

3 ÷ 1 = ________

5 × 4 = 20

20 ÷ 4 = ________

2 × 6 = 12

12 ÷ 6 = ________

4 × 1 = 4

4 ÷ 1 = ________

4 × 8 = 32

32 ÷ 8 = ________

3 × ________ = 3

3 ÷ 1 = 3

5 × 5 = 25

25 ÷ ________ = 5

3 × 4 = 12

________ ÷ 4 = 3

4 × 7 = 28

28 ÷ ________ = 4

4 × 5 = 20

20 ÷ 5 = ________

3 × 6 = 18

18 ÷ 6 = ________

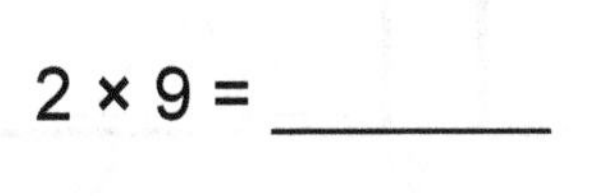

2 × 9 = ________

18 ÷ 2 = 9

10 × 4 = 40

________ ÷ 10 = 4

Diviser par 1, 2 et 3

Fais les divisions.

6 ÷ 1 = ___	3 ÷ 3 = ___	7 ÷ 1 = ___	4 ÷ 1 = ___	12 ÷ 2 = ___
5 ÷ 1 = ___	21 ÷ 3 = ___	2 ÷ 2 = ___	1 ÷ 1 = ___	4 ÷ 2 = ___
10 ÷ 2 = ___	2 ÷ 1 = ___	18 ÷ 2 = ___	9 ÷ 3 = ___	3 ÷ 1 = ___
6 ÷ 3 = ___	9 ÷ 1 = ___	27 ÷ 3 = ___	8 ÷ 1 = ___	24 ÷ 3 = ___
15 ÷ 3 = ___	16 ÷ 2 = ___	18 ÷ 3 = ___	12 ÷ 3 = ___	10 ÷ 2 = ___

Diviser par 4, 5 et 6

Fais les divisions.

60 ÷ 6 = ___	54 ÷ 6 = ___	32 ÷ 4 = ___	16 ÷ 4 = ___	25 ÷ 5 = ___
35 ÷ 5 = ___	36 ÷ 6 = ___	4 ÷ 4 = ___	45 ÷ 5 = ___	30 ÷ 6 = ___
40 ÷ 5 = ___	12 ÷ 4 = ___	50 ÷ 5 = ___	12 ÷ 6 = ___	20 ÷ 4 = ___
48 ÷ 6 = ___	24 ÷ 4 = ___	20 ÷ 5 = ___	8 ÷ 4 = ___	10 ÷ 5 = ___
18 ÷ 6 = ___	42 ÷ 6 = ___	28 ÷ 4 = ___	10 ÷ 5 = ___	24 ÷ 6 = ___

Diviser par 7, 8 et 9

Fais les divisions.

81 ÷ 9 = ____	18 ÷ 9 = ____	40 ÷ 8 = ____	56 ÷ 8 = ____	70 ÷ 7 = ____
14 ÷ 7 = ____	36 ÷ 9 = ____	64 ÷ 8 = ____	49 ÷ 7 = ____	63 ÷ 9 = ____
35 ÷ 7 = ____	16 ÷ 8 = ____	21 ÷ 7 = ____	48 ÷ 8 = ____	28 ÷ 7 = ____
72 ÷ 8 = ____	56 ÷ 7 = ____	54 ÷ 9 = ____	8 ÷ 8 = ____	63 ÷ 7 = ____
45 ÷ 9 = ____	24 ÷ 8 = ____	9 ÷ 9 = ____	18 ÷ 9 = ____	32 ÷ 8 = ____

Diviser par 10

Fais les divisions.

80 ÷ 10 = ___	60 ÷ 10 = ___	10 ÷ 10 = ___	40 ÷ 10 = ___	20 ÷ 10 = ___
50 ÷ 10 = ___	100 ÷ 10 = ___	90 ÷ 10 = ___	10 ÷ 10 = ___	70 ÷ 10 = ___
20 ÷ 10 = ___	60 ÷ 10 = ___	30 ÷ 10 = ___	40 ÷ 10 = ___	20 ÷ 10 = ___
80 ÷ 10 = ___	70 ÷ 10 = ___	100 ÷ 10 = ___	50 ÷ 10 = ___	90 ÷ 10 = ___

Fractions : parties égales

Il y a trois parties égales
Chaque partie est un tiers.

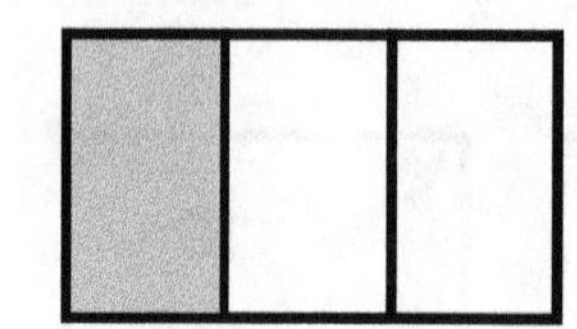

$\frac{1}{3}$ signifie que 1 des 3 parties égales est coloriée.

Colorie une partie de chaque figure. Écris la fraction.

1. 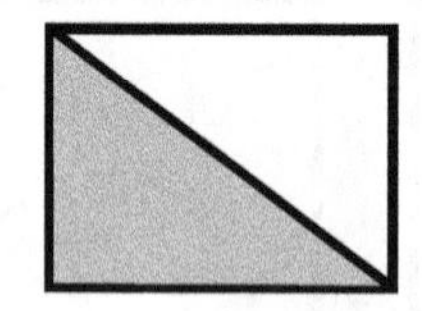 $\frac{1}{2}$ 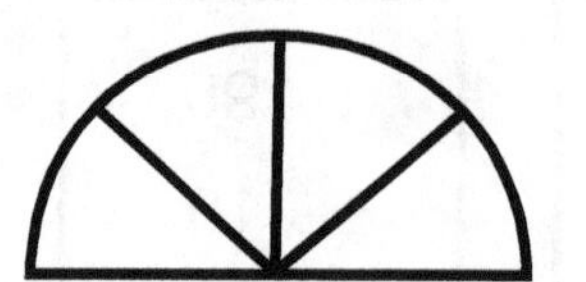 ___ 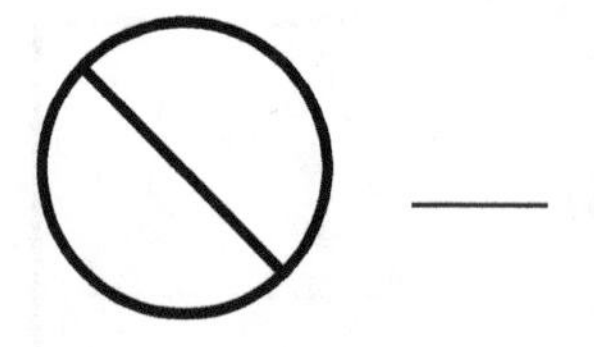 ___

2. 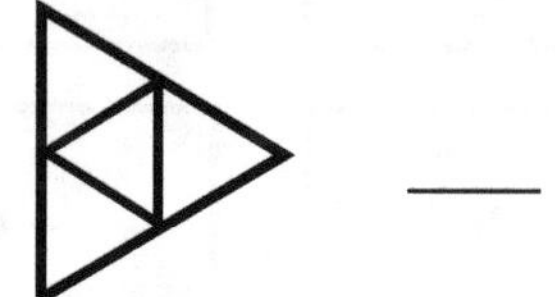 ___ 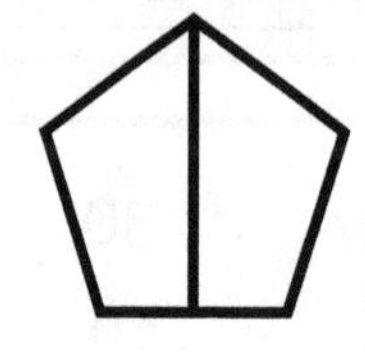 ___ 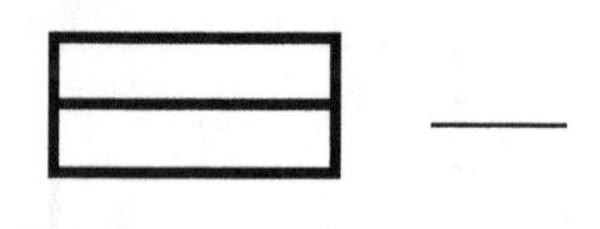 ___

3. 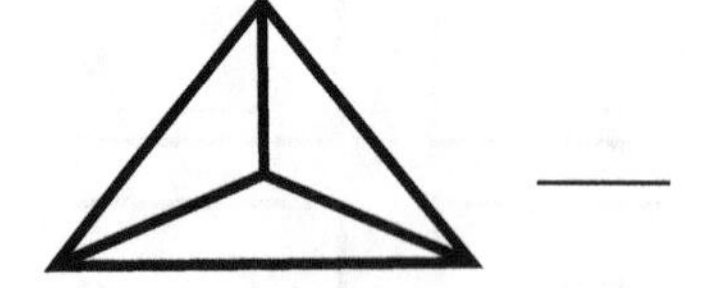 ___  ___

4. 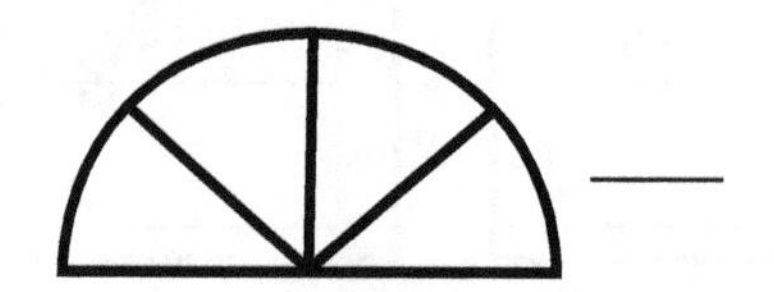 ___ 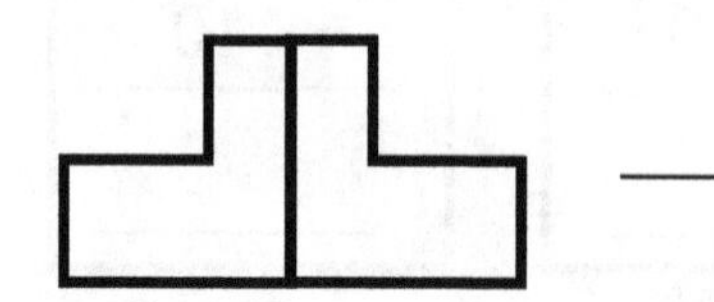 ___  ___

5.  ___  ___ 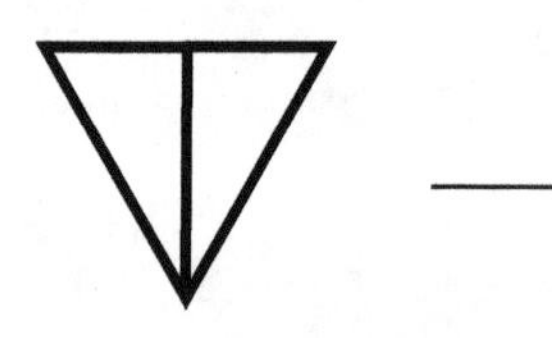 ___

6. 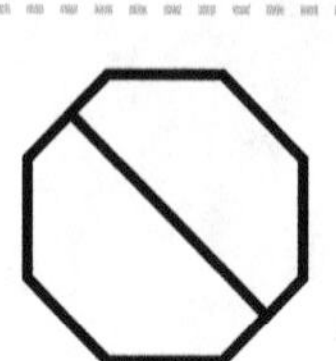 ___ 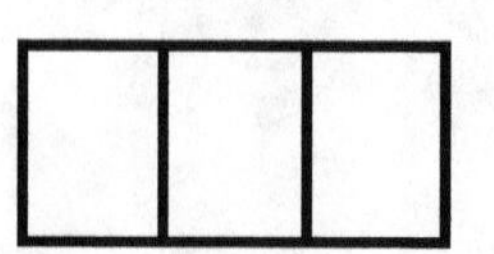 ___ 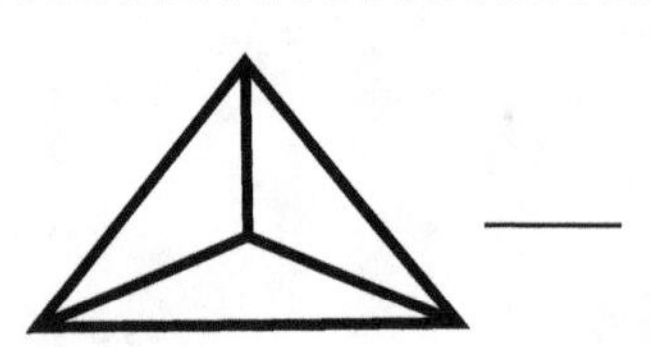 ___

Exploration des fractions

Une fraction montre les parties égales d'un entier.

Ici, 3 parties sur **4** sont coloriées.

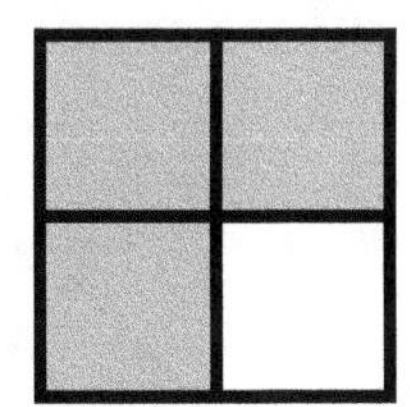

$\frac{3}{4}$ — 3 parties coloriées ; 4 nombre total de parties

1. Quelle fraction de chaque figure est coloriée?

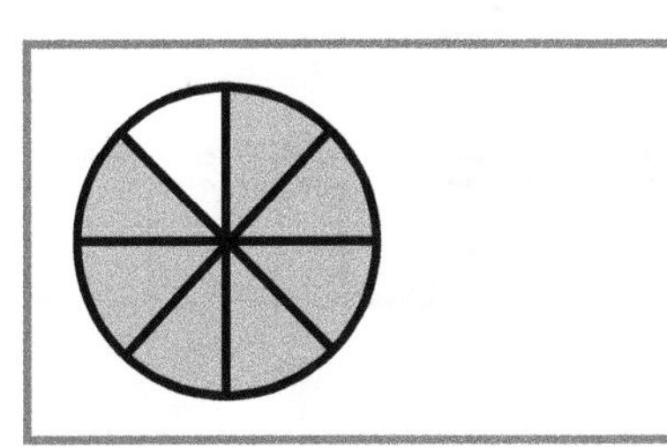
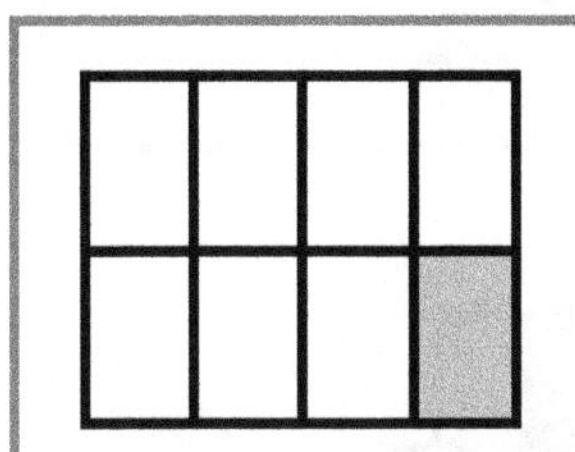
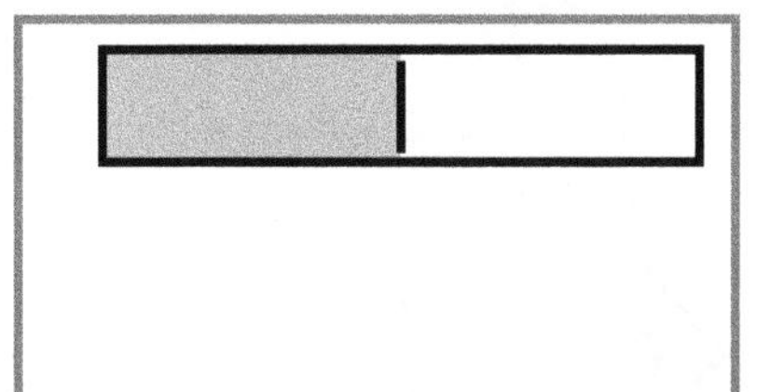
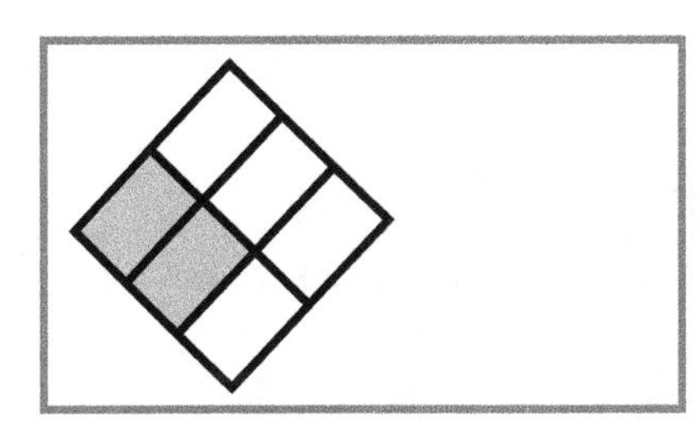
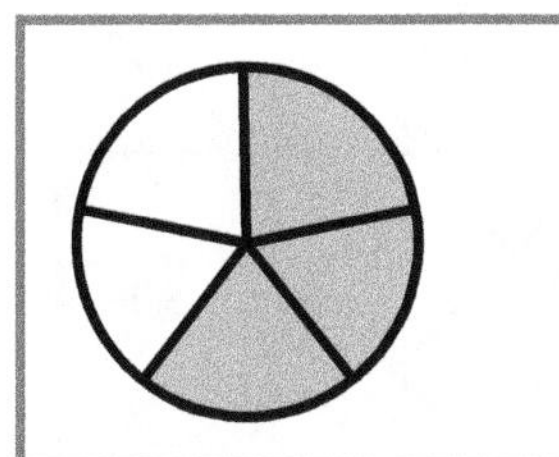
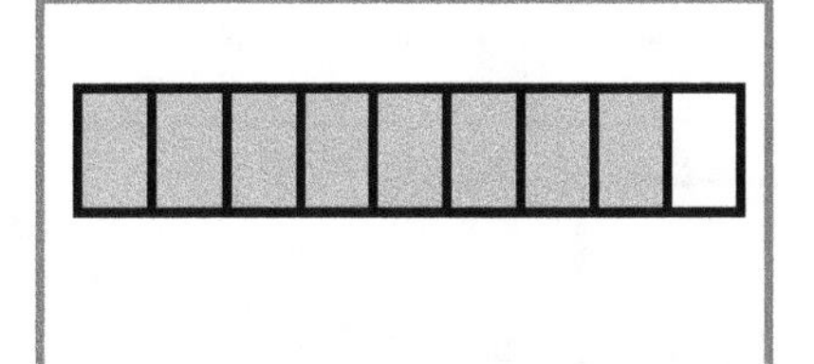
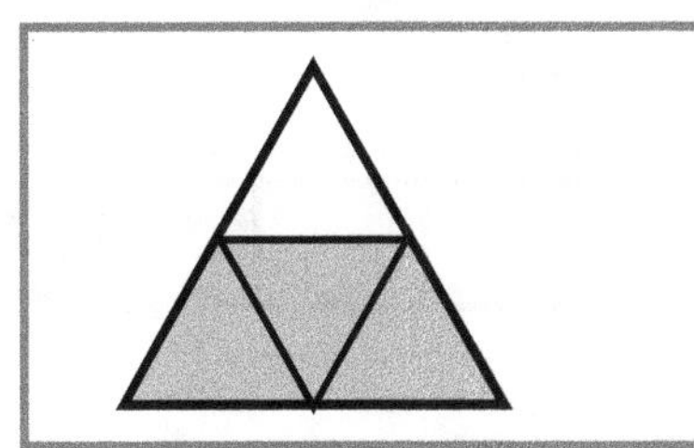
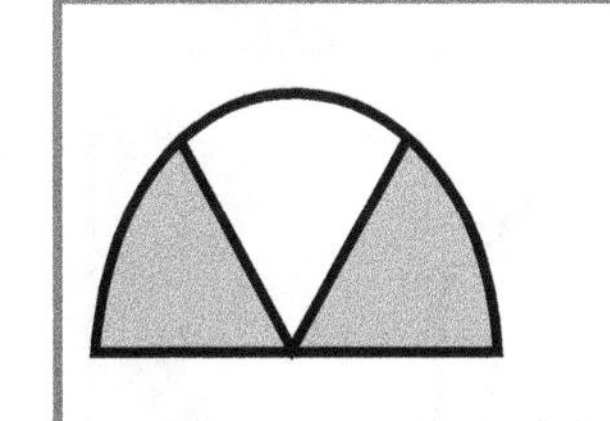
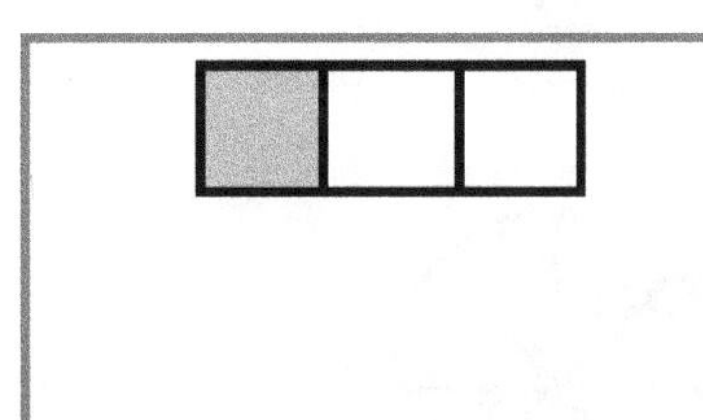

RÉFLÉCHIS BIEN

Un nombre mixte est formé d'un entier et d'une fraction. Choisis le nombre mixte qui correspond aux parties coloriées.

1. 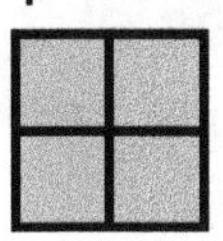 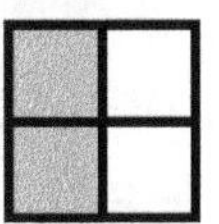

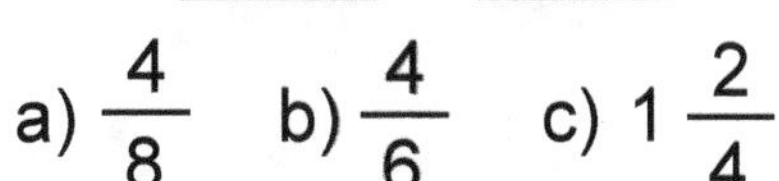
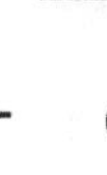

a) $\frac{4}{8}$ b) $\frac{4}{6}$ c) $1\frac{2}{4}$

2.    

d) $6\frac{2}{3}$ e) $\frac{3}{4}$ f) $3\frac{1}{2}$

Exploration des fractions (suite)

2. Écris une fraction pour indiquer combien des parties de chaque figure ne sont pas coloriées.

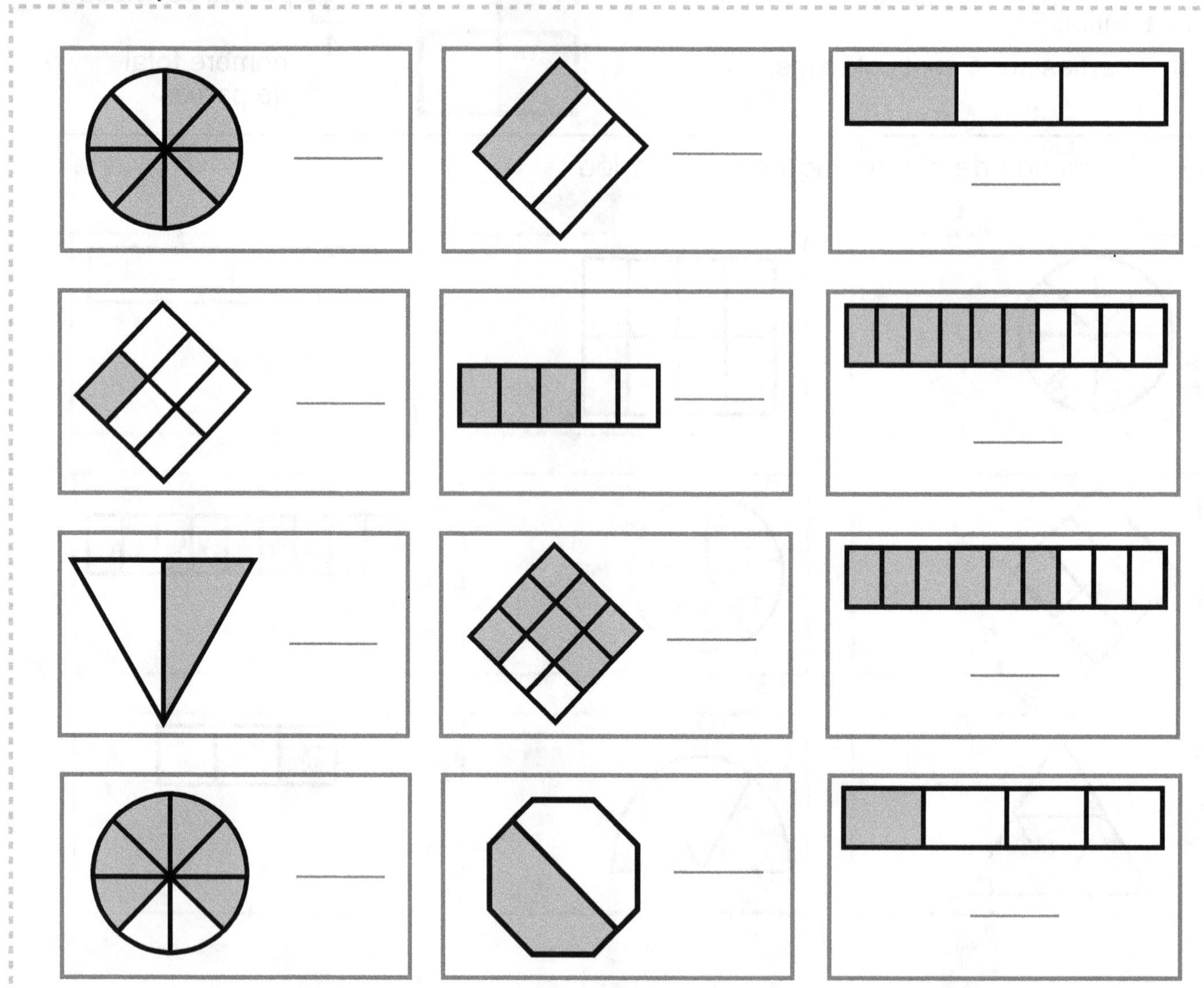

RÉFLÉCHIS BIEN

a) Zoé a 8 perles rouges et 3 perles bleues. Les perles bleues forment quelle fraction de l'ensemble des perles?

b) Thierry a 3 oranges et 2 pommes. Les pommes forment quelle fraction des fruits?

Des fractions en couleurs

olorie les parties correspondant aux fractions.

Colorie $\frac{1}{4}$ en bleu.

Colorie $\frac{3}{4}$ en vert.

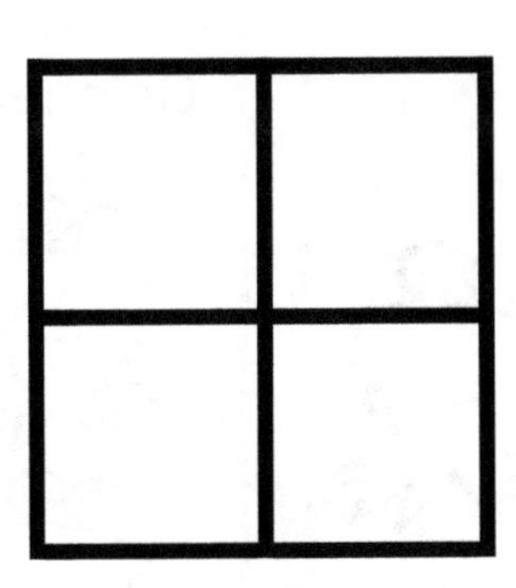

Colorie $\frac{1}{2}$ en bleu.

Colorie $\frac{1}{2}$ en vert.

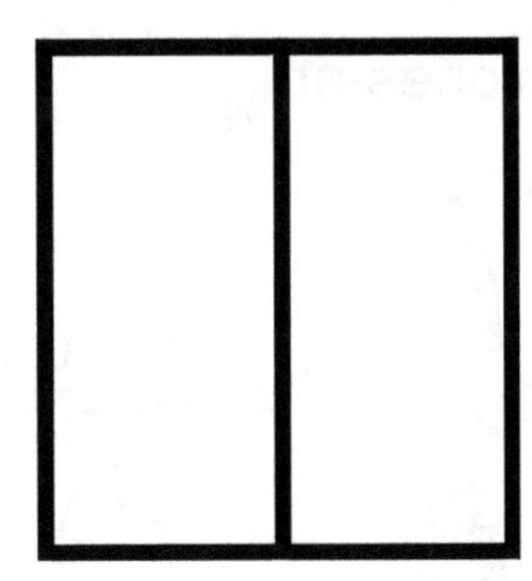

Colorie $\frac{1}{4}$ en bleu.

Colorie $\frac{1}{4}$ en vert.

Colorie $\frac{2}{4}$ en rouge.

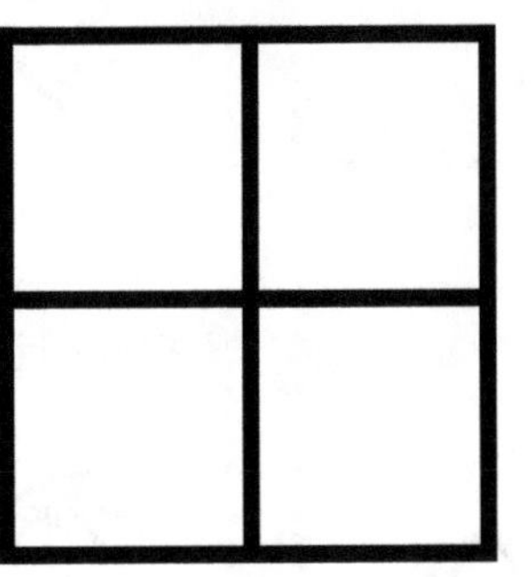

Colorie $\frac{1}{2}$ en bleu.

Colorie $\frac{1}{2}$ en vert.

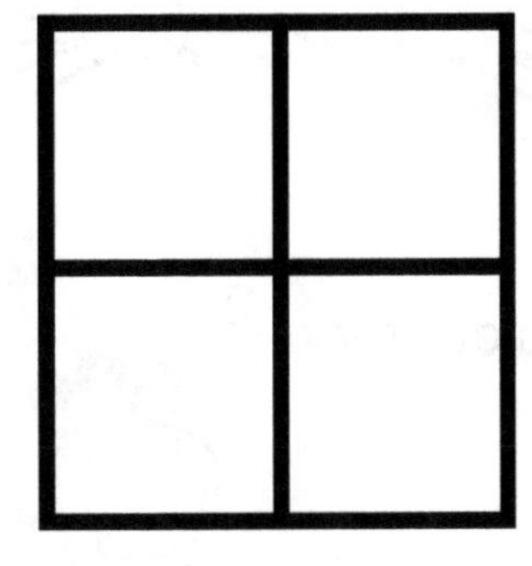

Colorie $\frac{1}{3}$ en bleu.

Colorie $\frac{2}{3}$ en vert.

Colorie $\frac{1}{3}$ en bleu.

Colorie $\frac{1}{3}$ en vert.

Colorie $\frac{1}{3}$ en rouge.

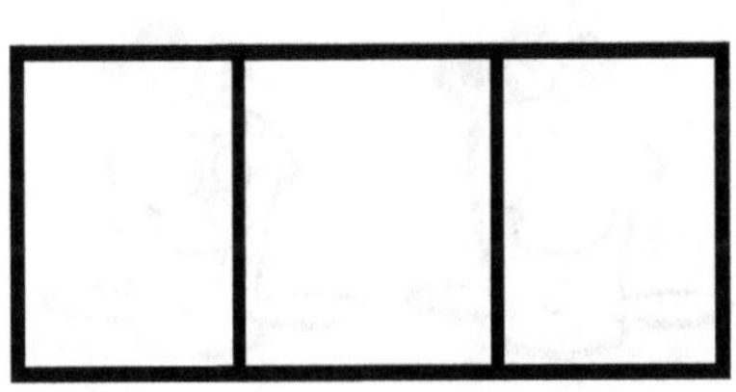

RÉFLÉCHIS BIEN

Colorie des parties de chaque figure. Écris les fractions.

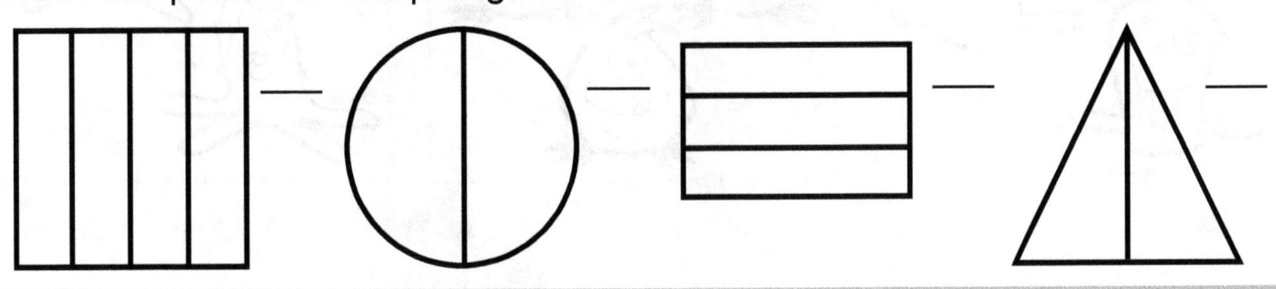

Fractions de groupes

Colorie le nombre de créatures correspondant à la fraction.

Colories-en $\frac{1}{4}$.

Colories-en $\frac{1}{3}$.

Colories-en $\frac{2}{4}$.

Colories-en $\frac{2}{3}$.

Colories-en $\frac{1}{2}$.

Colories-en $\frac{3}{4}$.

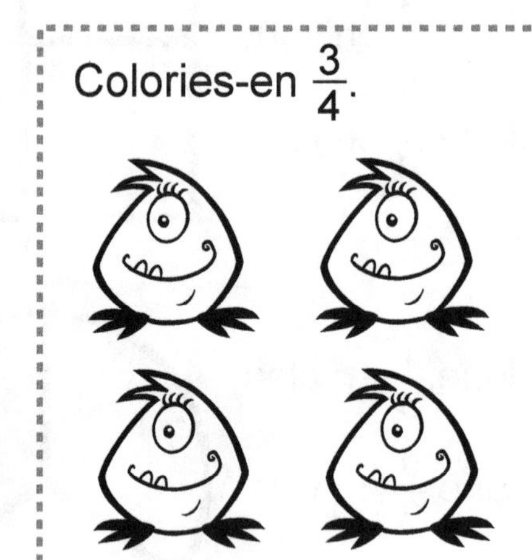

Colories-en $\frac{1}{2}$.

Colories-en $\frac{1}{3}$.

Colories-en $\frac{1}{2}$.

Problèmes avec des fractions

ais un dessin, puis écris la réponse sous forme de fraction.

1. Nico coupe une pizza en 4 pointes égales. Il mange 2 pointes.
   Quelle fraction de la pizza a-t-il mangée?

   ______

2. Sarah compte 8 boîtes aux lettres dans sa rue. De ces boîtes,
   3 sont rouges. Quelle fraction des boîtes aux lettres est rouge?

   ______

3. Mia emprunte 3 livres à la bibliothèque. Elle en lit 1.
   Quelle fraction des livres a-t-elle lue?

   ______

4. Lison a 8 craquelins comme collation. Elle met du fromage sur 2 des
   craquelins. Sur quelle fraction des craquelins a-t-elle mis du fromage?

   ______

5. Daniel a 2 biscuits. Il en donne 1 à un ami.
   Quelle fraction de ses biscuits a-t-il donnée?

   ______

Les polygones

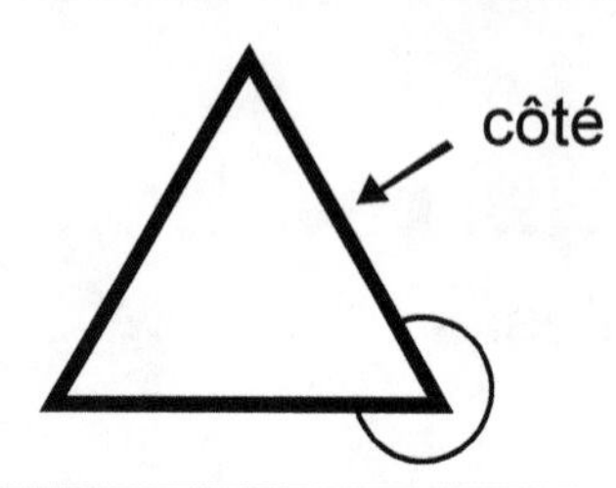

Un polygone est une figure en 2D qui a au moins 3 côtés. Dans un polygone régulier, tous les côtés et tous les angles sont égaux.

On appelle « sommets » les coins d'un polygone.

1. Remplis le tableau ci-dessous.

Figure	Trace la figure	Nombre de côtés	Nombre de sommets
triangle			
carré			
pentagone			
hexagone			
octogone			

Les polygones (suite)

2. Remplis le tableau.

Figure	Trace la figure	Nombre de côtés	Nombre de sommets
rectangle			
losange			
parallélogramme			
trapèze			

RÉFLÉCHIS BIEN

Dans un polygone irrégulier, les côtés et les angles ne sont pas tous égaux. Dessine deux polygones irréguliers.

Les polygones (suite)

3. Trace un X sur les figures qui **ne sont pas** des polygones. Colorie les polygones réguliers en bleu. Colorie les polygones irréguliers en rouge.

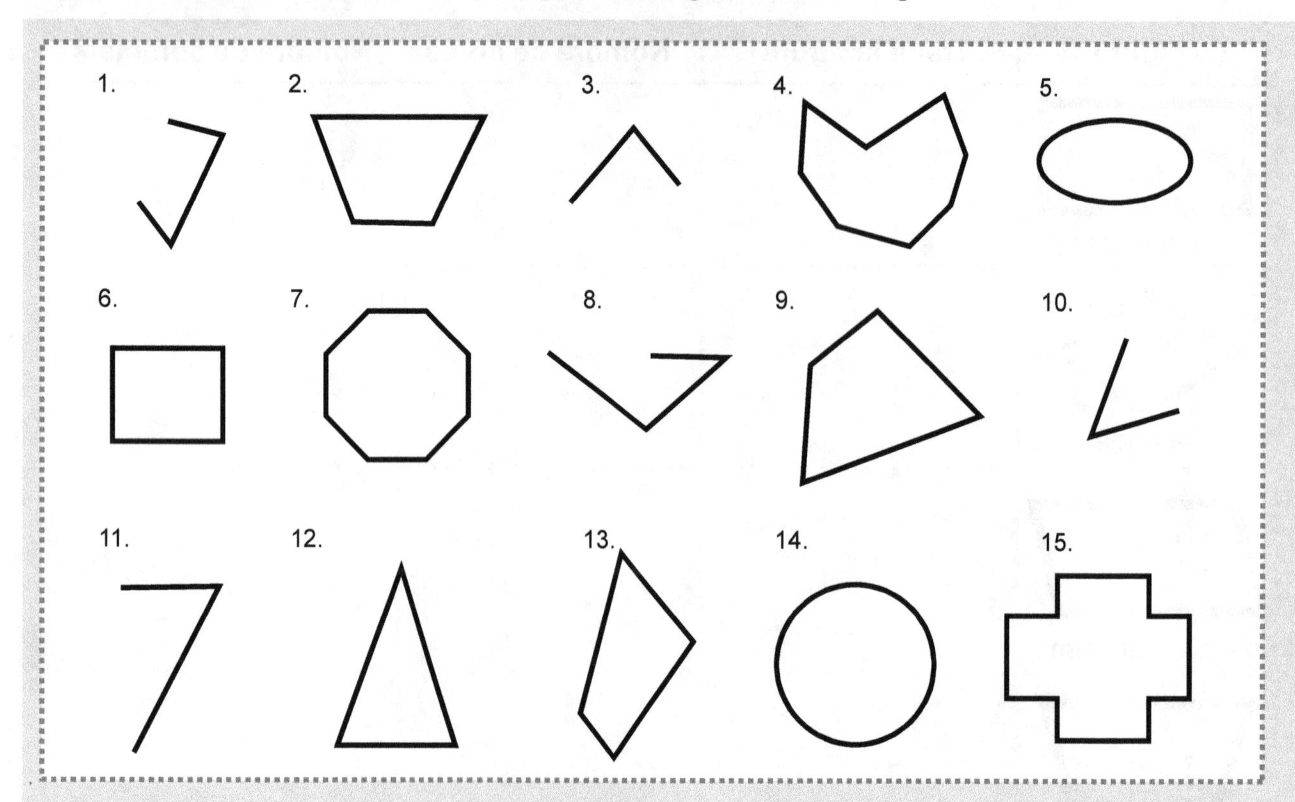

RÉFLÉCHIS BIEN

Les quadrilatères sont des polygones à 4 côtés. Colorie les quadrilatères en orange. Trace un X sur les figures qui ne sont pas des quadrilatères.

1. 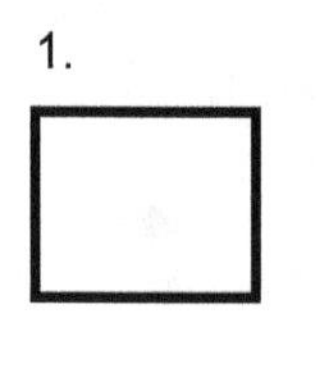
2. 3. 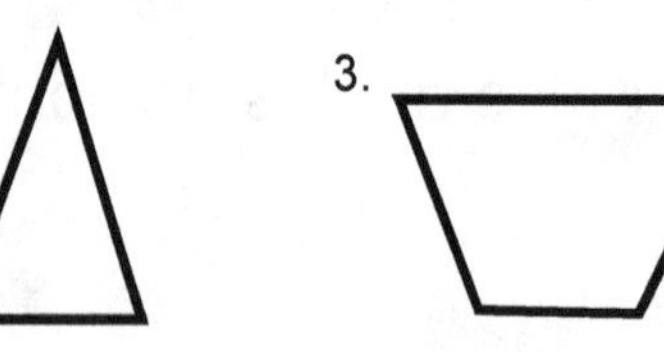
4. 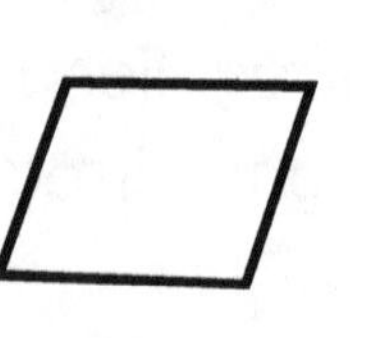
5. 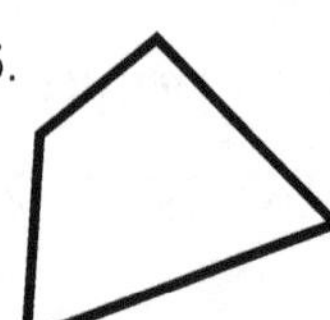
6. 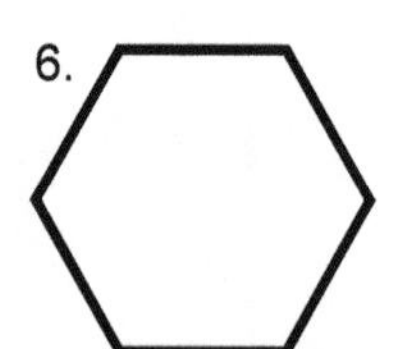
7. 8. 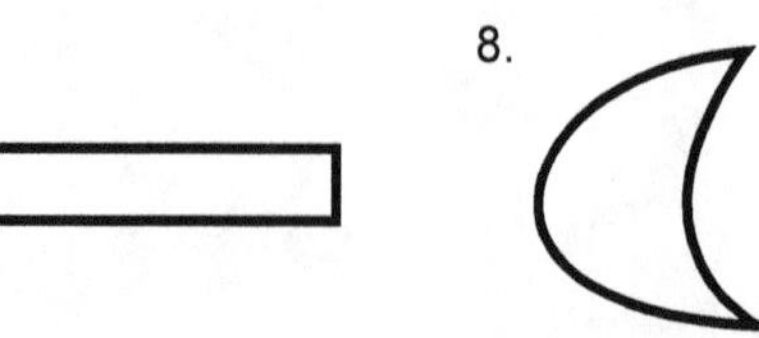
9. 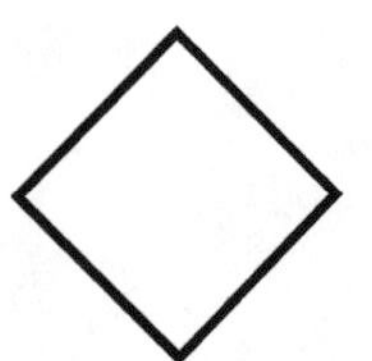
10. 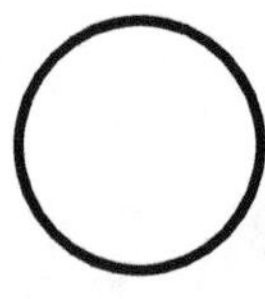

Figures en 2D

Choisis parmi les noms au bas de la page celui qui correspond à chaque figure en 2D.

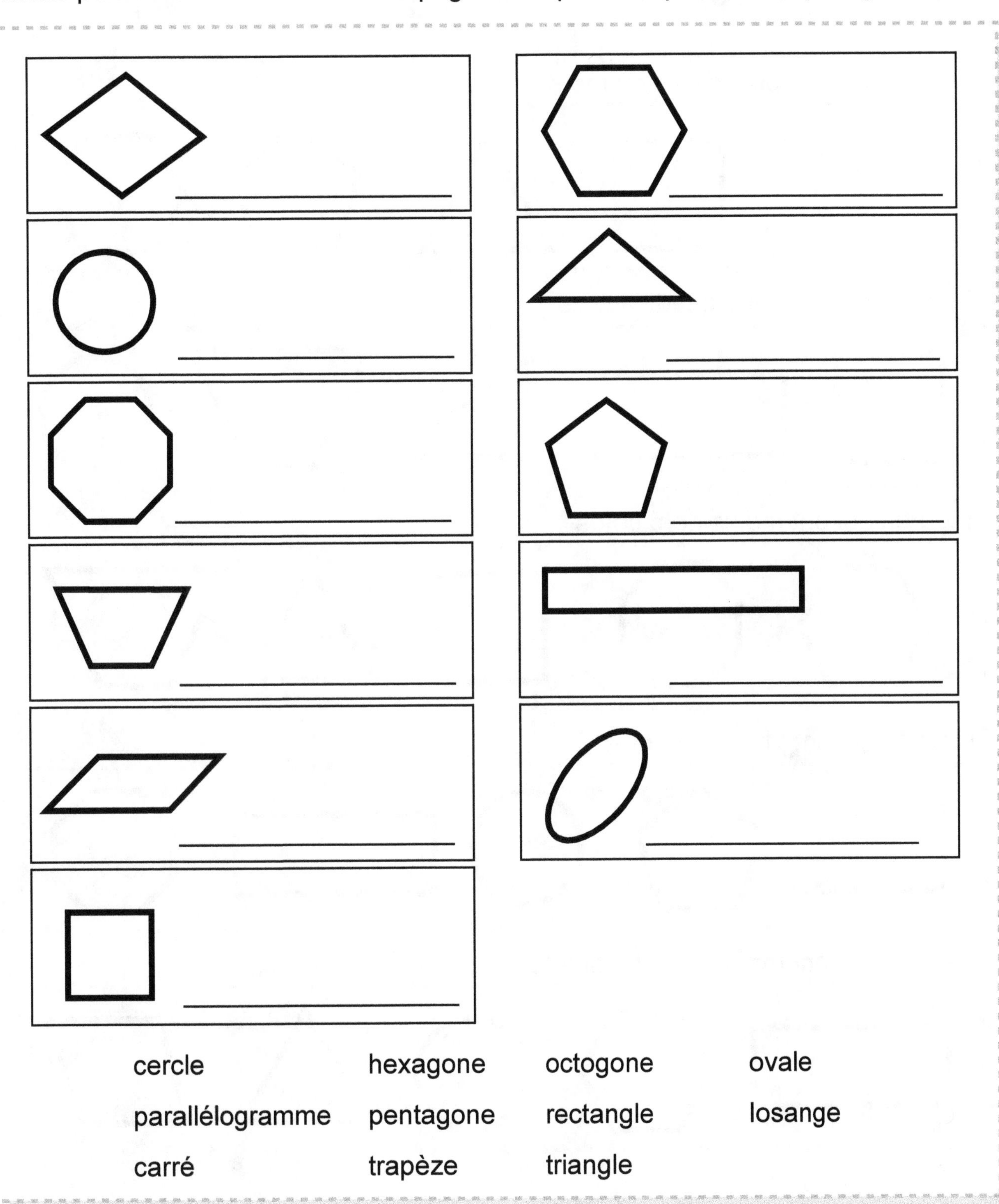

Tri de figures en 2D

Lis la règle. Colorie les figures qui suivent la règle.

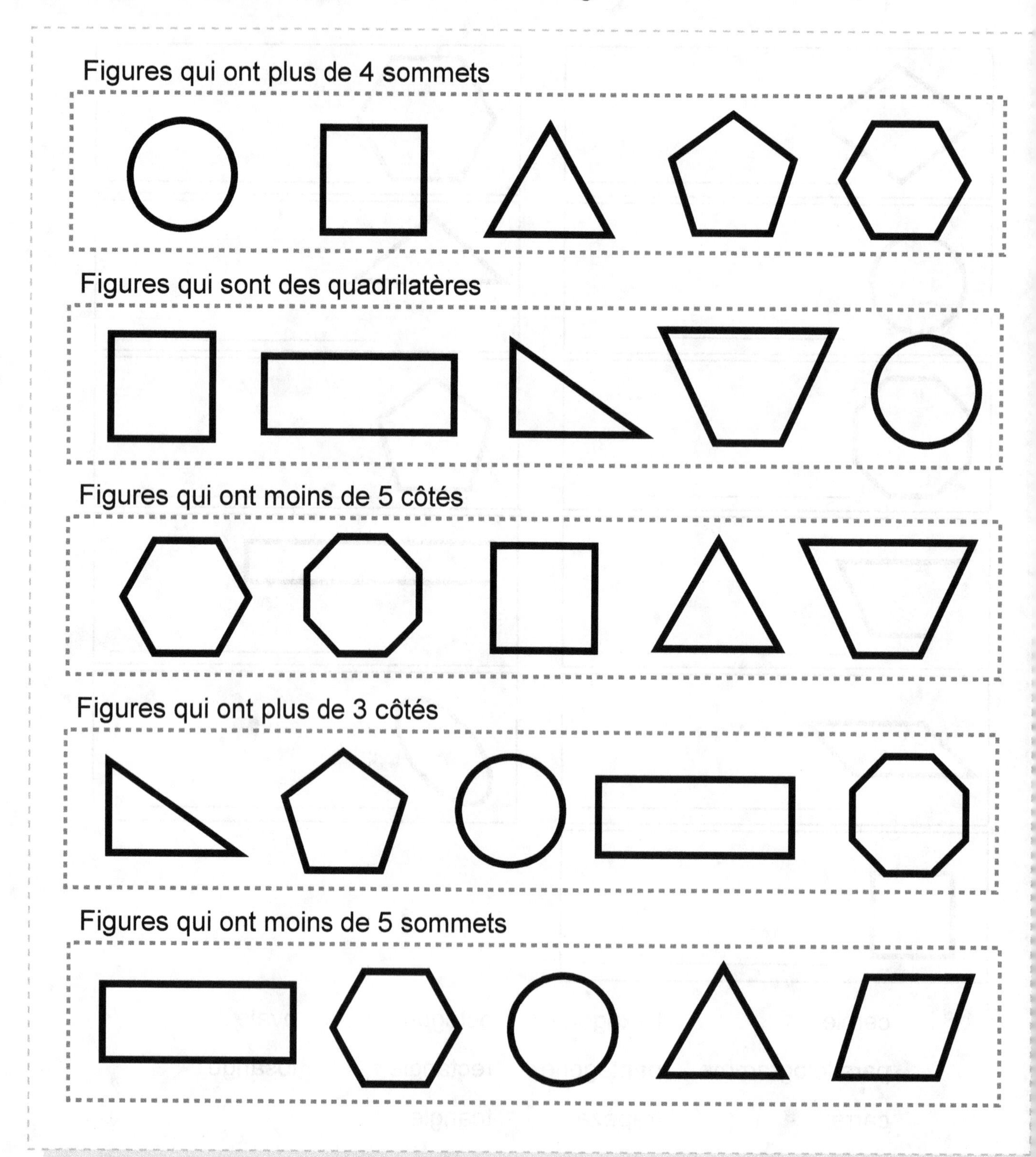

Figures qui ont plus de 4 sommets
Figures qui sont des quadrilatères
Figures qui ont moins de 5 côtés
Figures qui ont plus de 3 côtés
Figures qui ont moins de 5 sommets

Figures en 2D

Fais le tri des figures en 2D selon chaque règle.

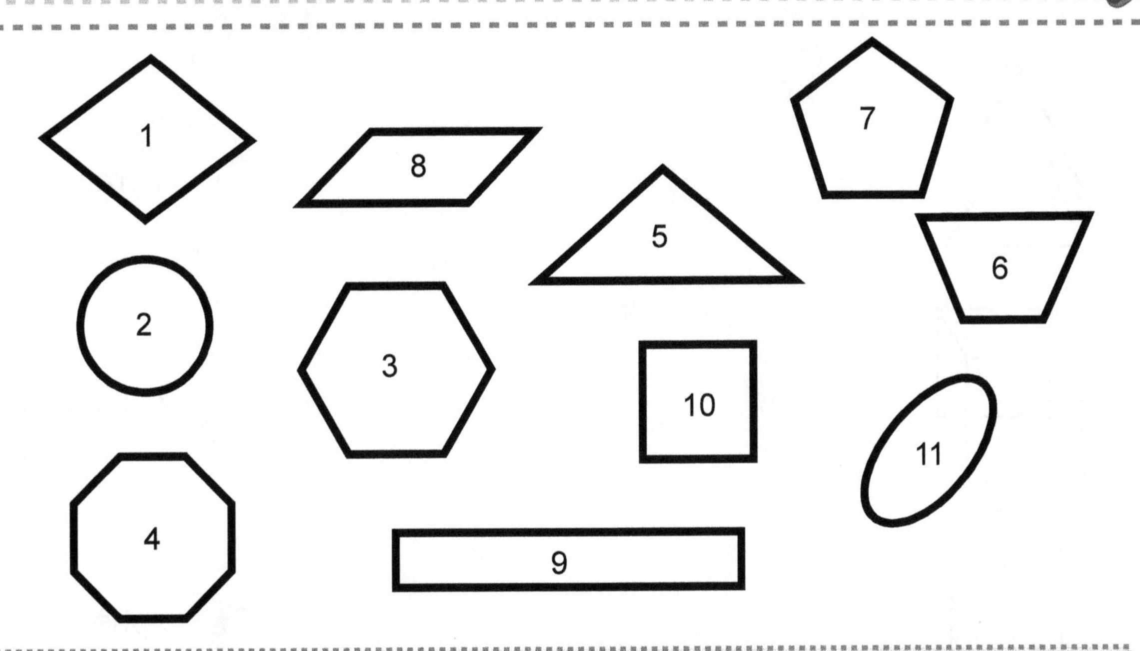

Figures en 2D	Règle de tri
	polygones qui n'ont que 3 côtés
	polygones qui ont plus de 5 côtés
	polygones qui ont 4 sommets
	polygones dont les angles sont droits
	polygones qui ont plus d'une paire de lignes parallèles

Identification d'objets en 3D

1. Relie chaque objet en 3D à son nom.

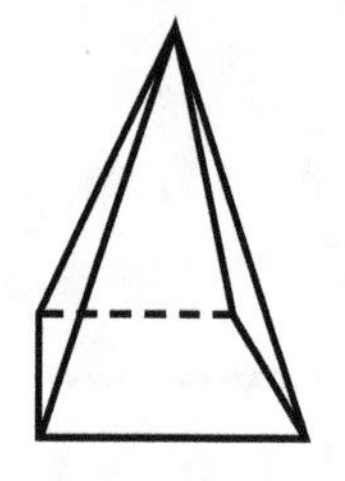

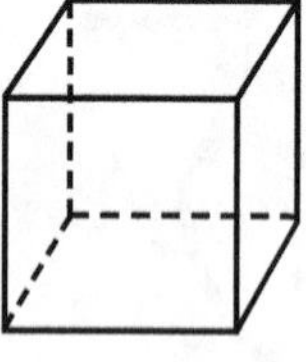

●	● pyramide
●	● cylindre
●	● sphère
●	● prisme à base rectangulaire
●	● cône
●	● cube

Identification d'objets en 3D (suite)

2. Associe l'objet en 3D à l'objet qui lui ressemble. Encercle la réponse.

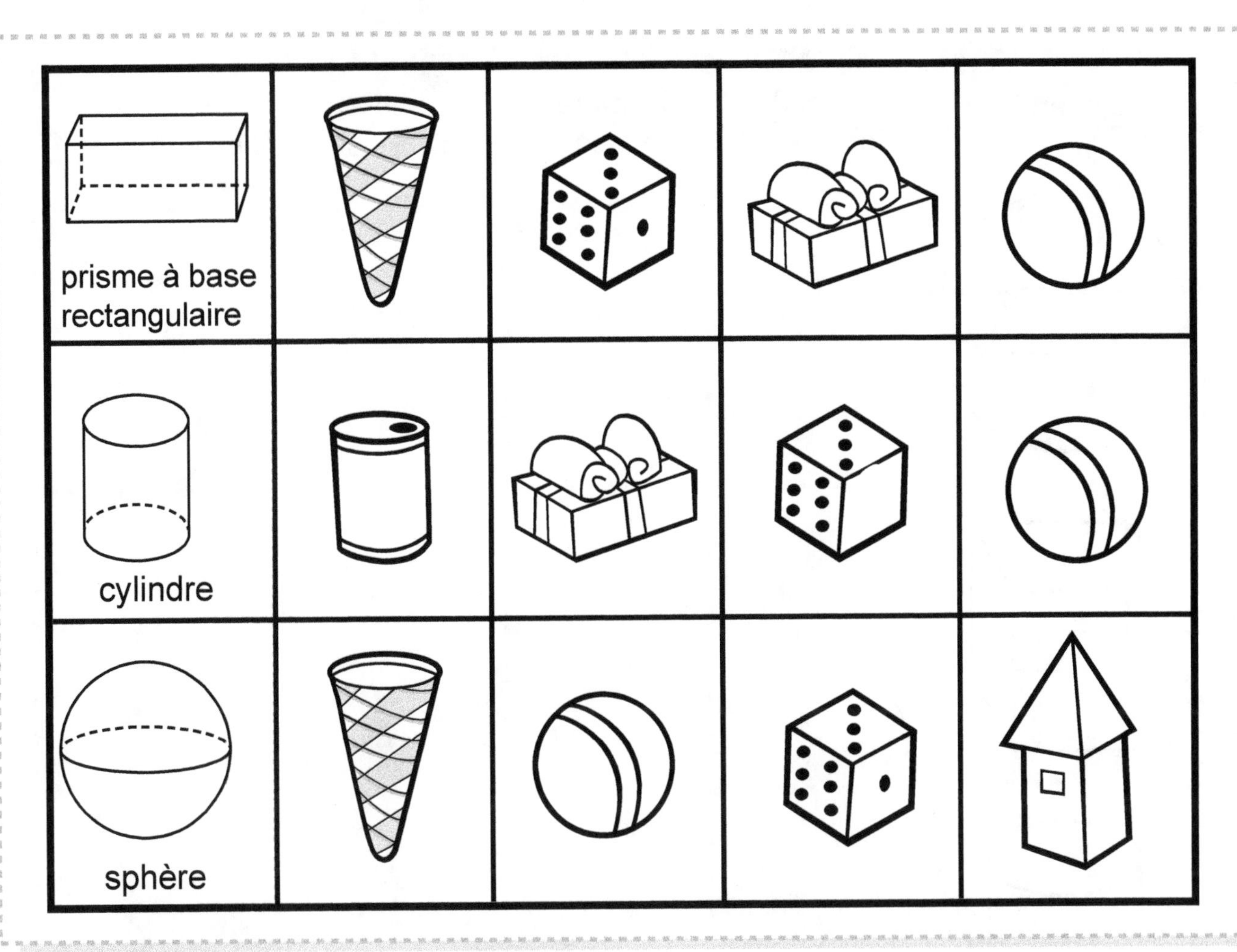

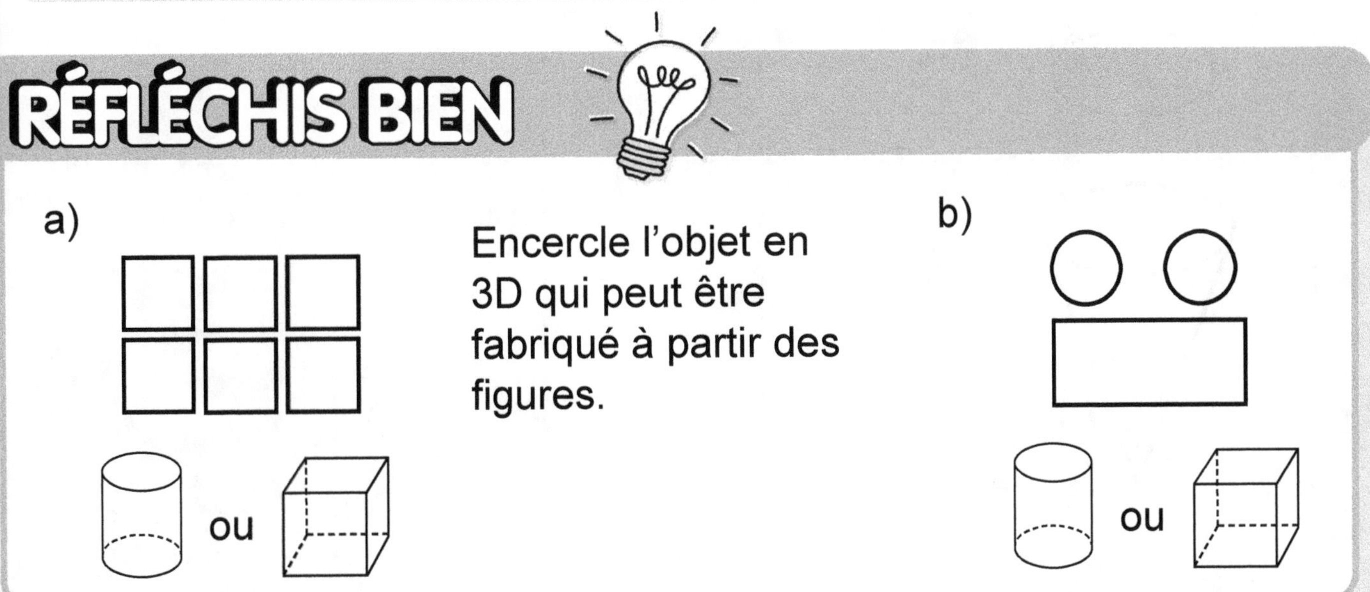

Encercle l'objet en 3D qui peut être fabriqué à partir des figures.

Attributs d'objets en 3D

Remplis le tableau d'attributs.

Objet en 3D	Nom de l'objet en 3D	Nombre de faces	Nombre d'arêtes	Nombre de sommets
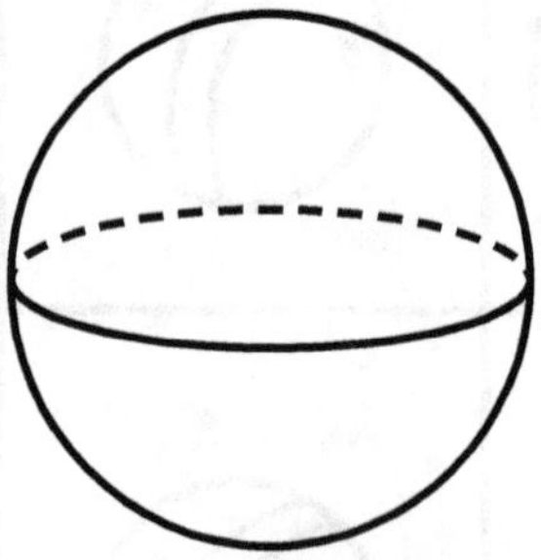				
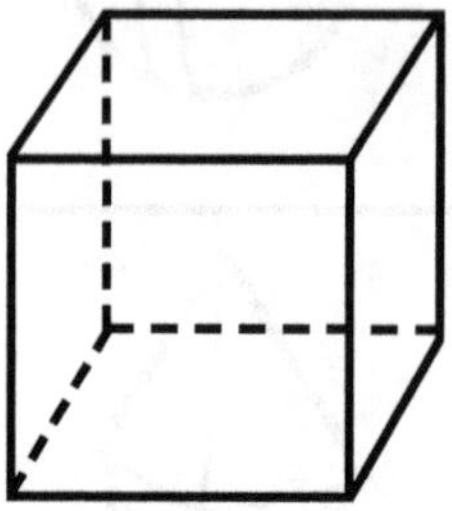				
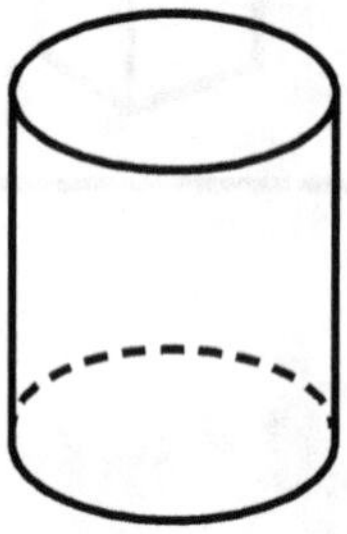				
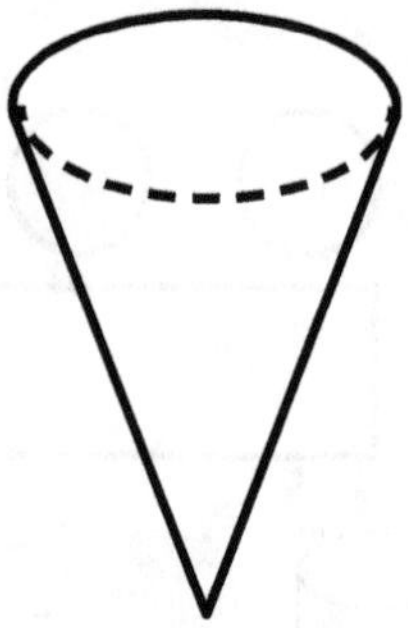				

Objets en 3D

Encercle le nom de l'objet en 3D que tu peux faire avec les parties.

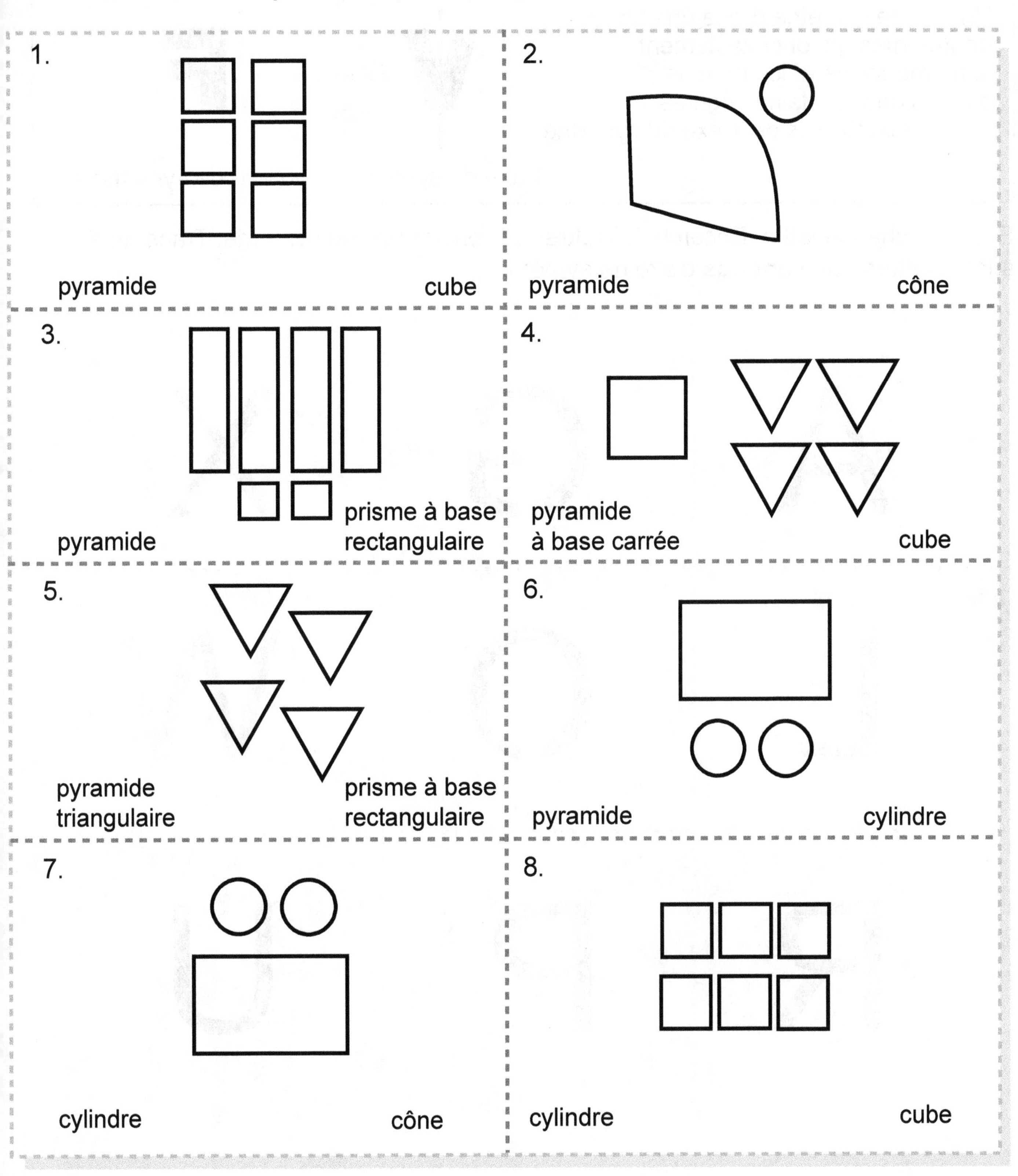

La symétrie

Un axe de symétrie divise une figure en 2 parties qui ont exactement la même forme et les mêmes dimensions. Certaines figures peuvent avoir plus de 1 axe de symétrie.

1 axe de symétrie

0 axe de symétrie

Examine chaque lettre. Encercle les lettres qui ont un axe de symétrie. Trace un X sur les lettres qui **n'ont pas** d'axe de symétrie.

A	G	X
L	O	W
R	P	U

La symétrie en dessin

Trace l'autre moitié du vaisseau spatial.

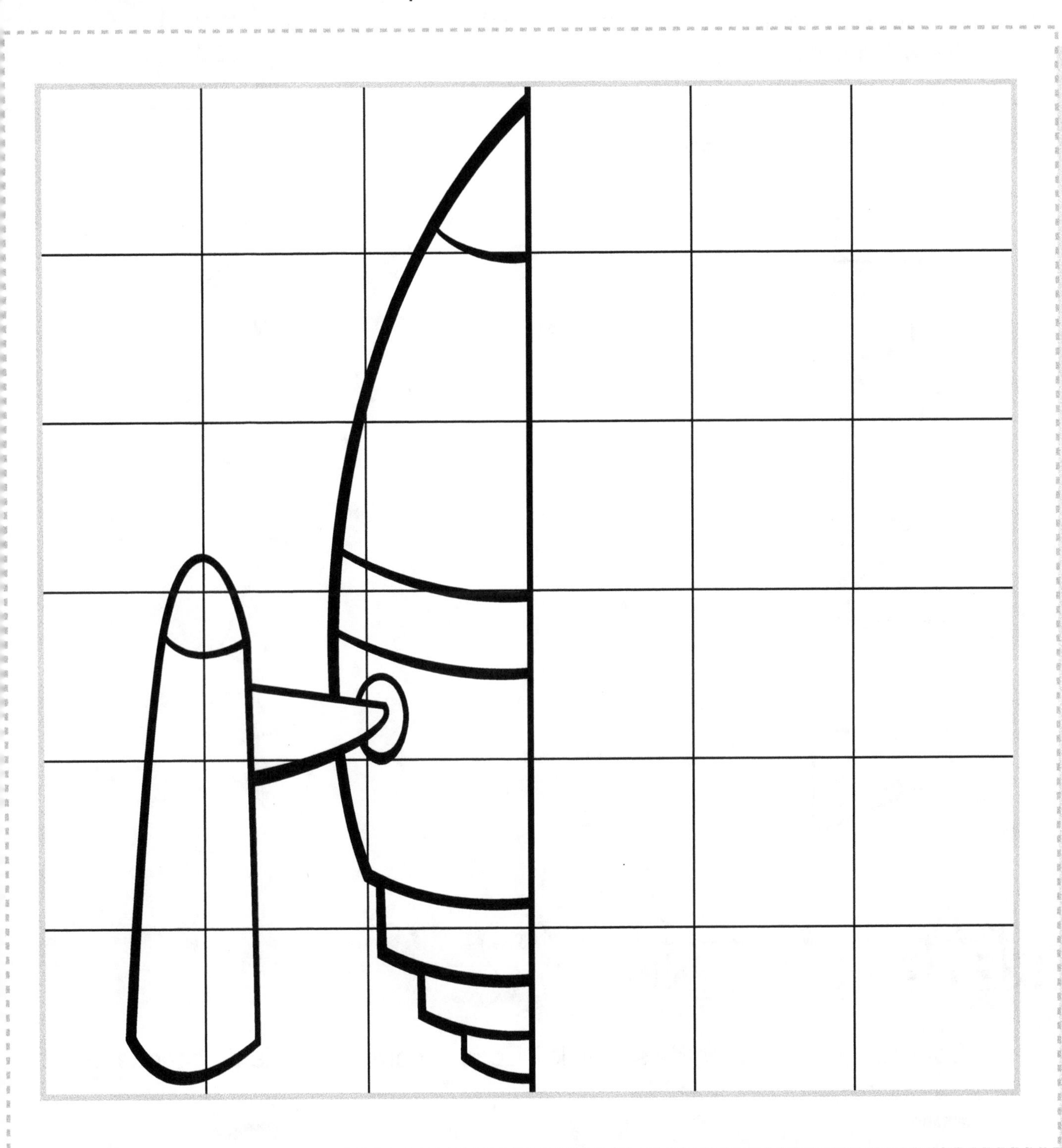

Figures congruentes

Des figures congruentes ont la même forme
et les mêmes dimensions.

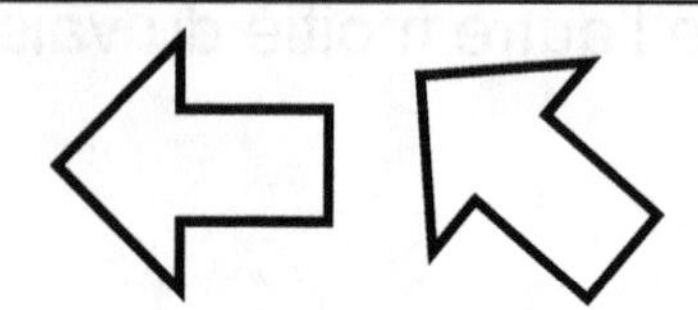

Relie les figures congruentes.

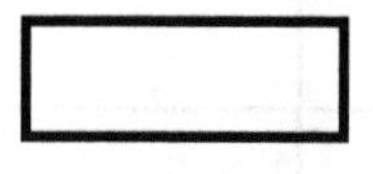

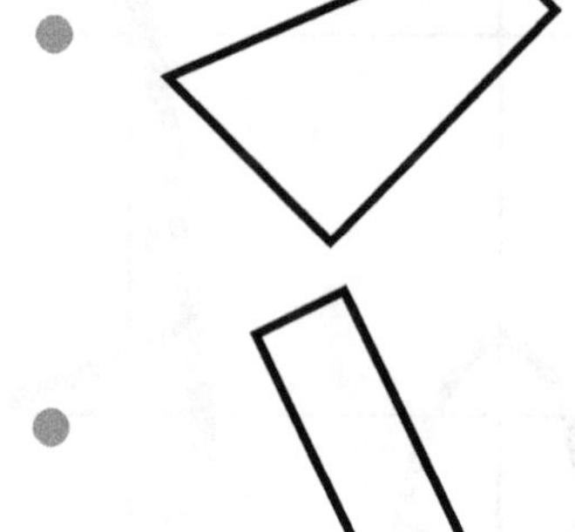

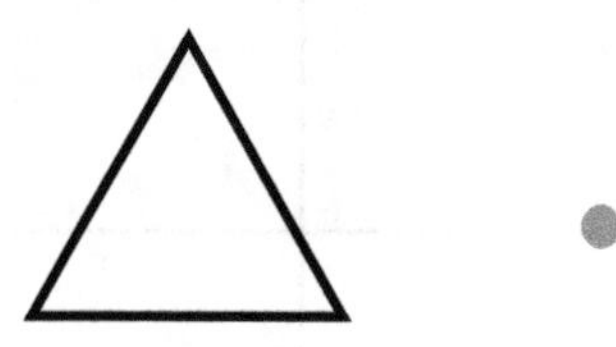

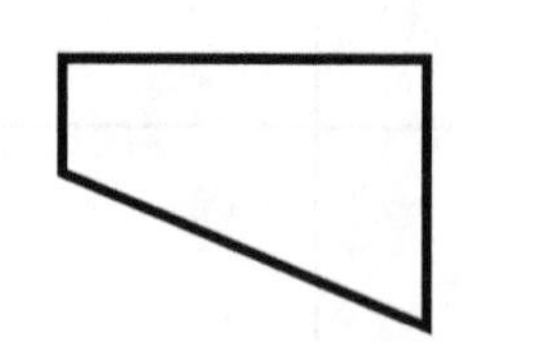

RÉFLÉCHIS BIEN

Combien y a-t-il d'axes de symétrie? Écris le nombre à côté de chaque lettre.

T__ N__ V__ S__ P__

Réflexion, translation et rotation

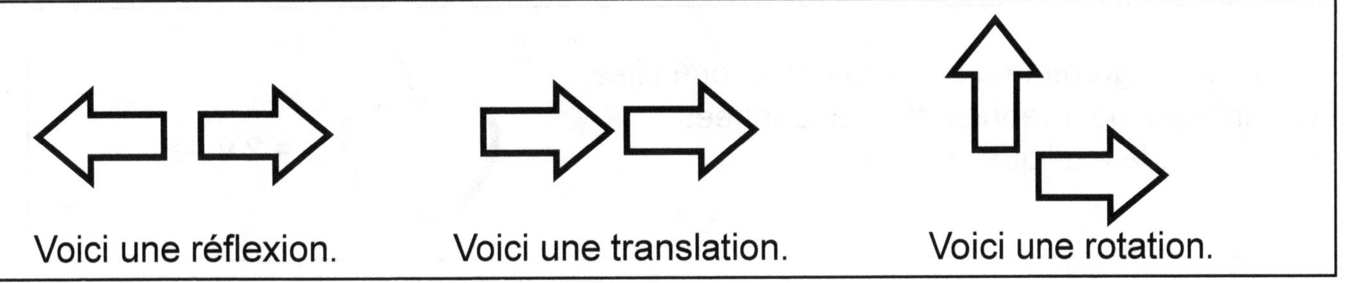

Voici une réflexion.
Voici une translation.
Voici une rotation.

Écris s'il s'agit d'une réflexion, d'une translation ou d'une rotation.

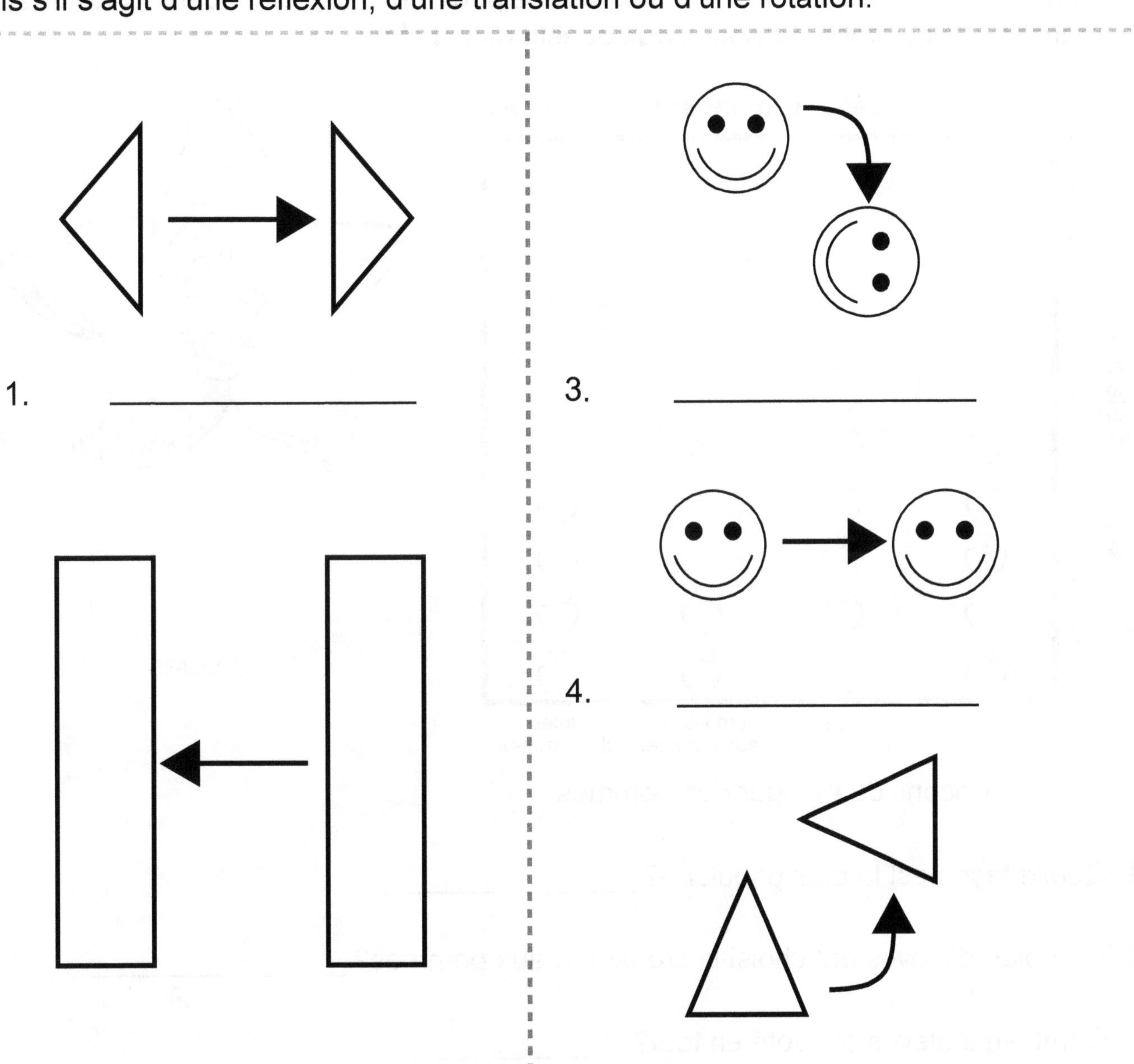

1. ______________

2. ______________

3. ______________

4. ______________

5. ______________

Le diagramme à pictogrammes

Dans un diagramme à pictogrammes, on utilise des images pour représenter les données. Une légende explique l'image.

= 2 votes

Les élèves de M. Cartier ont fait un diagramme pour montrer leurs façons préférées de manger des pommes. Réponds aux questions plus bas.

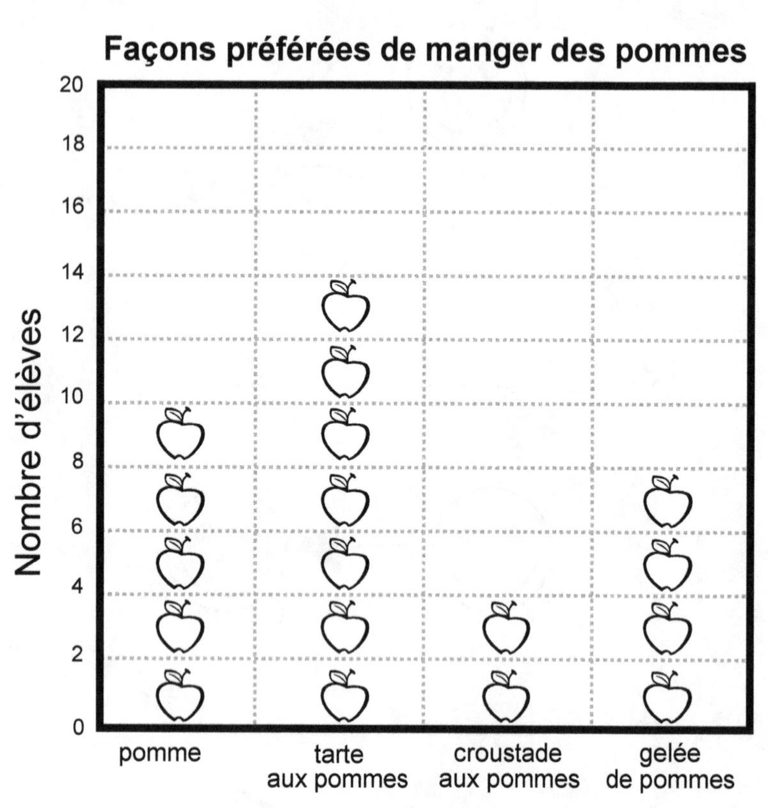

= 2 votes

1. Quelle façon est la plus populaire? ________________

2. Combien d'élèves ont choisi la croustade aux pommes? ________________

3. Combien d'élèves ont voté en tout? ________________

Lecture d'un diagramme

Réponds aux questions au moyen des données du diagramme à bandes.

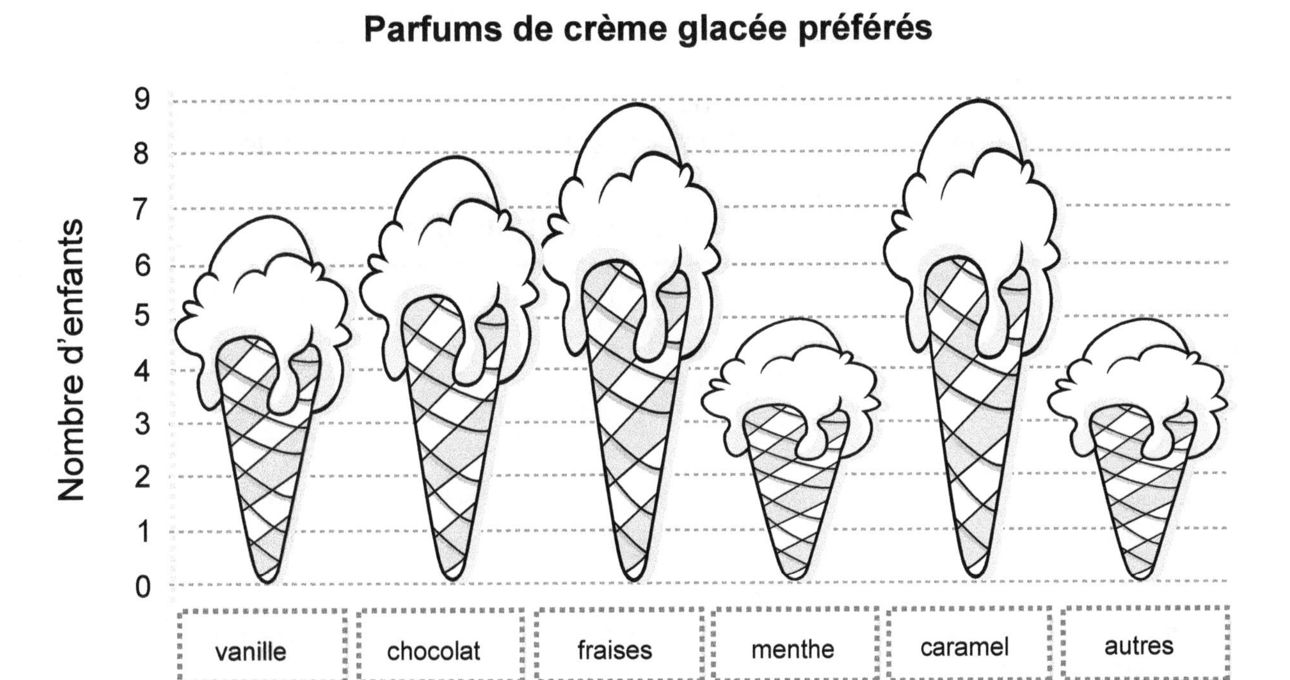

1. Combien d'enfants ont voté en tout? ____________________

2. Quel parfum est le plus populaire? ____________________

3. Quel parfum est le moins populaire? ____________________

4. Deux parfums ont obtenu le même nombre de votes.
   Lesquels? ____________________

5. Combien d'enfants de plus aiment la crème glacée aux fraises plutôt que celle au chocolat? ____________________

Le diagramme à bandes

Dans le **diagramme à bandes**, on représente les données au moyen de bandes. Les bandes peuvent être verticales ou horizontales.

1. Les élèves des deux classes de 3e année ont fait un diagramme à bandes pour représenter leurs activités de récréation préférées. Réponds aux questions.

Activités de récréation préférées

Activité

saut à la corde

basketball

baseball

marelle

chat

2 4 6 8 10 12 14 16 18 20

Nombre d'élèves

a) L'activité la plus populaire est ______________________.

b) L'activité la moins populaire est ______________________.

c) Combien d'élèves aiment la marelle? _______

d) Combien d'élèves de plus aiment le chat plutôt que le baseball? _______

Le diagramme à bandes (suite)

2. La classe de 3e année de Mme Gariépy a fait un sondage pour connaître les garnitures de pizza préférées des élèves.

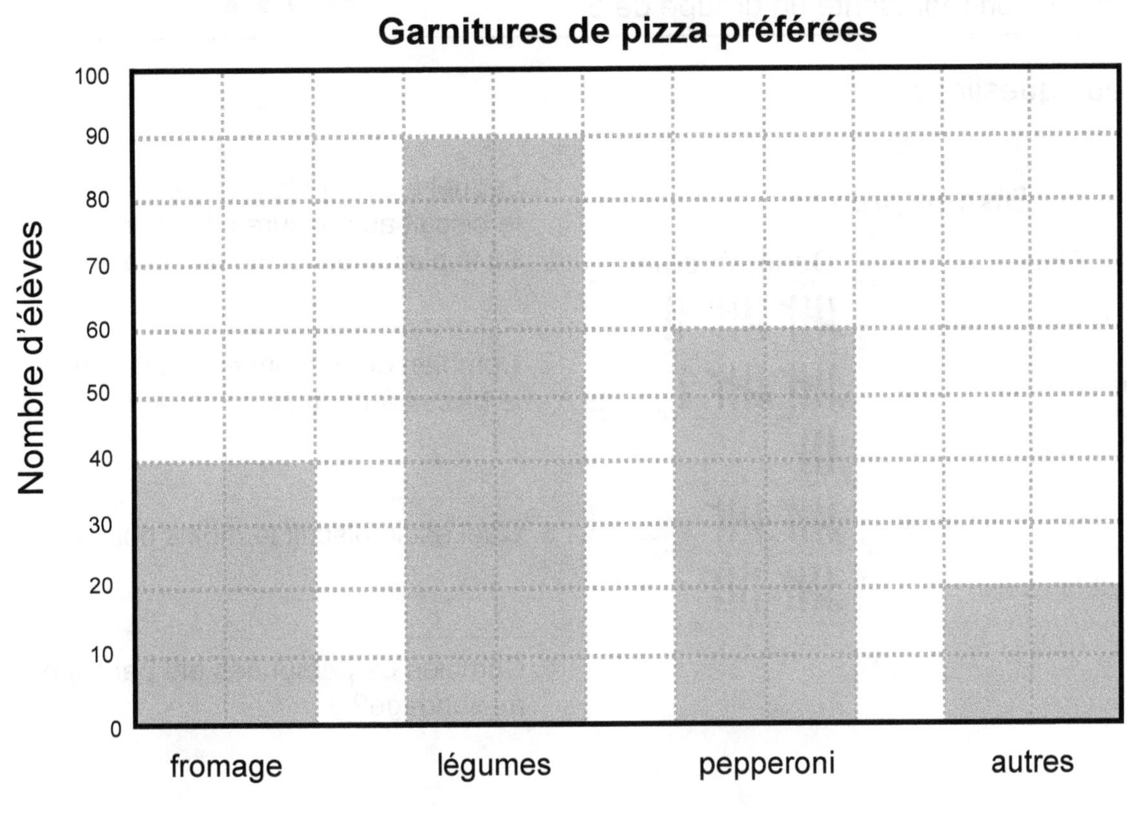

a) Quelle garniture est la plus populaire? ______________________

b) Le fromage est moins populaire que ______________________.

c) La garniture la moins populaire est ______________________.

d) __________ élèves en tout ont choisi le fromage ou le pepperoni.

e) Quelle est ta garniture de pizza préférée? ______________________

Le tableau des effectifs

Dans un tableau des effectifs, on compte les données par groupes de 5.
Chaque trait ou marque représente 1.
Voici comment on représente un groupe de 5.

 = 5

Réponds aux questions.

Biscuit préféré

Biscuit	Dénombrement
brisures de chocolat	𝍸 𝍸 𝍷𝍷
double chocolat	𝍸 𝍸 𝍷
en forme d'animal	𝍷𝍷𝍷
farine d'avoine et raisins	𝍸 𝍸
crème à la vanille	𝍸 𝍷𝍷𝍷𝍷

1. Lequel a obtenu le plus de votes, le biscuit aux brisures de chocolat ou le biscuit en forme d'animal?

____

2. Combien de personnes ont choisi le biscuit au double chocolat?

____

3. Quel est le biscuit le moins populaire?

____

4. Combien de personnes ont participé au sondage?

____

Activité préférée

Activité	Dénombrement
jouer dehors	𝍸 𝍸 𝍷𝍷
jeux vidéo	𝍸 𝍸 𝍸
lecture	𝍸 𝍷𝍷𝍷
télé	𝍸 𝍸
ordinateur	𝍸 𝍷𝍷
écouter de la musique	𝍸 𝍸 𝍷𝍷𝍷𝍷

5. Combien de personnes ont choisi l'ordinateur?

____

6. Combien de personnes ont choisi les jeux vidéo?

____

7. Combien de personnes en tout ont choisi la lecture ou la télé?

____

Diagramme des collations préférées

ers-toi des données du tableau des effectifs pour faire un diagramme à bandes.
éponds aux questions.

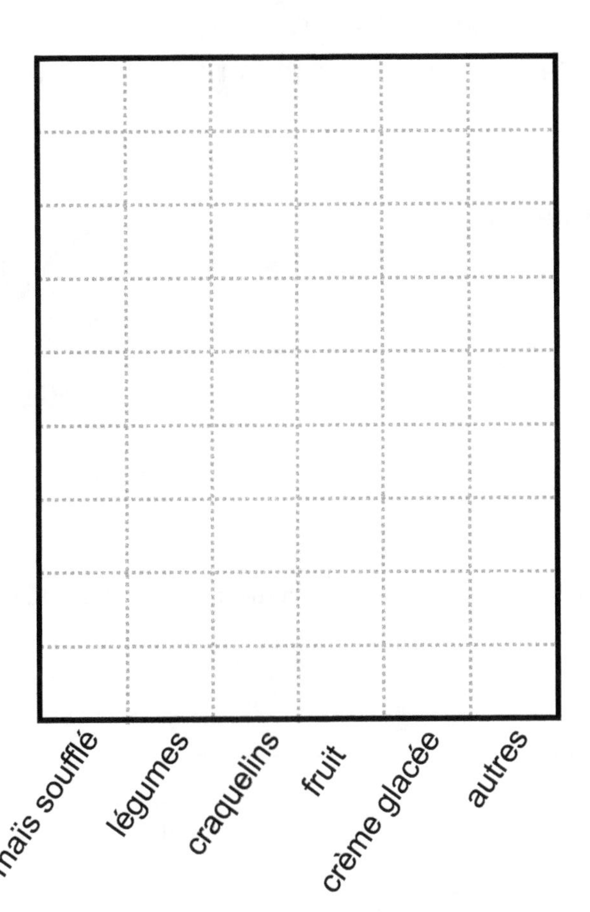

Tableau des effectifs

Collation	Dénombrement
maïs soufflé	𝍸 𝍸
légumes	|||
craquelins	𝍸 𝍸 ||
fruit	𝍸 |||
crème glacée	𝍸
autres	𝍸 ||||

N'oublie pas d'ajouter à ton diagramme
- un titre
- une échelle
- une étiquette pour l'échelle

1. Quelle collation est la plus populaire? ______________________

2. Quelle collation est la moins populaire? ______________________

3. Combien d'élèves de plus ont voté pour les craquelins plutôt que pour le fruit? __________

4. Si 6 élèves de plus avaient voté pour la crème glacée, combien d'élèves en tout auraient voté pour la crème glacée? ________

5. Combien d'élèves ont participé au sondage? ________

Activités de récréation préférées

Michel a demandé aux élèves de deux classes de 3e année quelle était leur activit
de récréation préférée.

1. Le saut à la corde a obtenu 14 votes, le baseball a obtenu 16 votes, et le basketball a obtenu 12 votes. Crée un tableau des effectifs pour montrer l'information donnée dans le sondage.

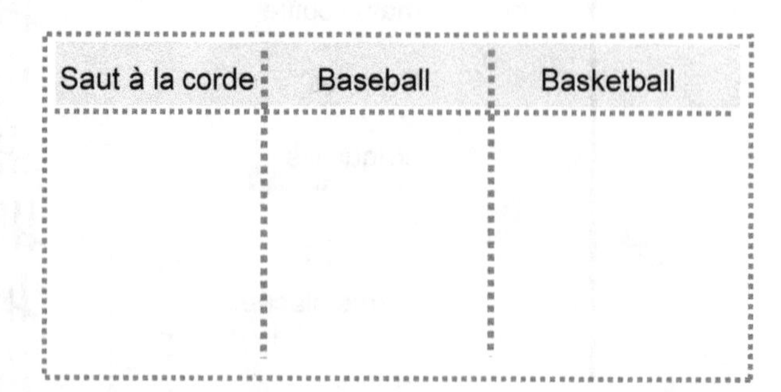

Saut à la corde	Baseball	Basketball

2. Complète le diagramme à bandes horizontales pour montrer l'information donnée à Michel. N'oublie pas le titre.

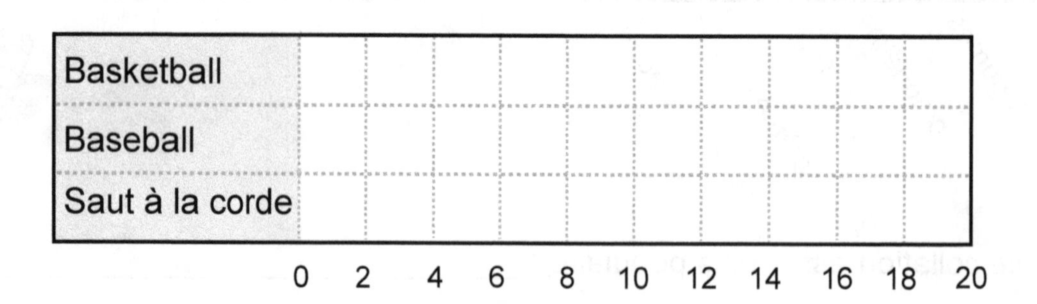

3. Quelle activité est la plus populaire? ______________________

4. Quelle activité est la moins populaire? ______________________

5. Combien de personnes ont participé au sondage? ____________

6. Un plus grand nombre d'élèves ont voté pour ______________ plutôt que pour ________________.

Diagramme à bandes - Légumes

Les élèves de M. Champagne ont fait un sondage sur les légumes préférés. Sers-toi des données du tableau des effectifs pour compléter le diagramme à bandes.

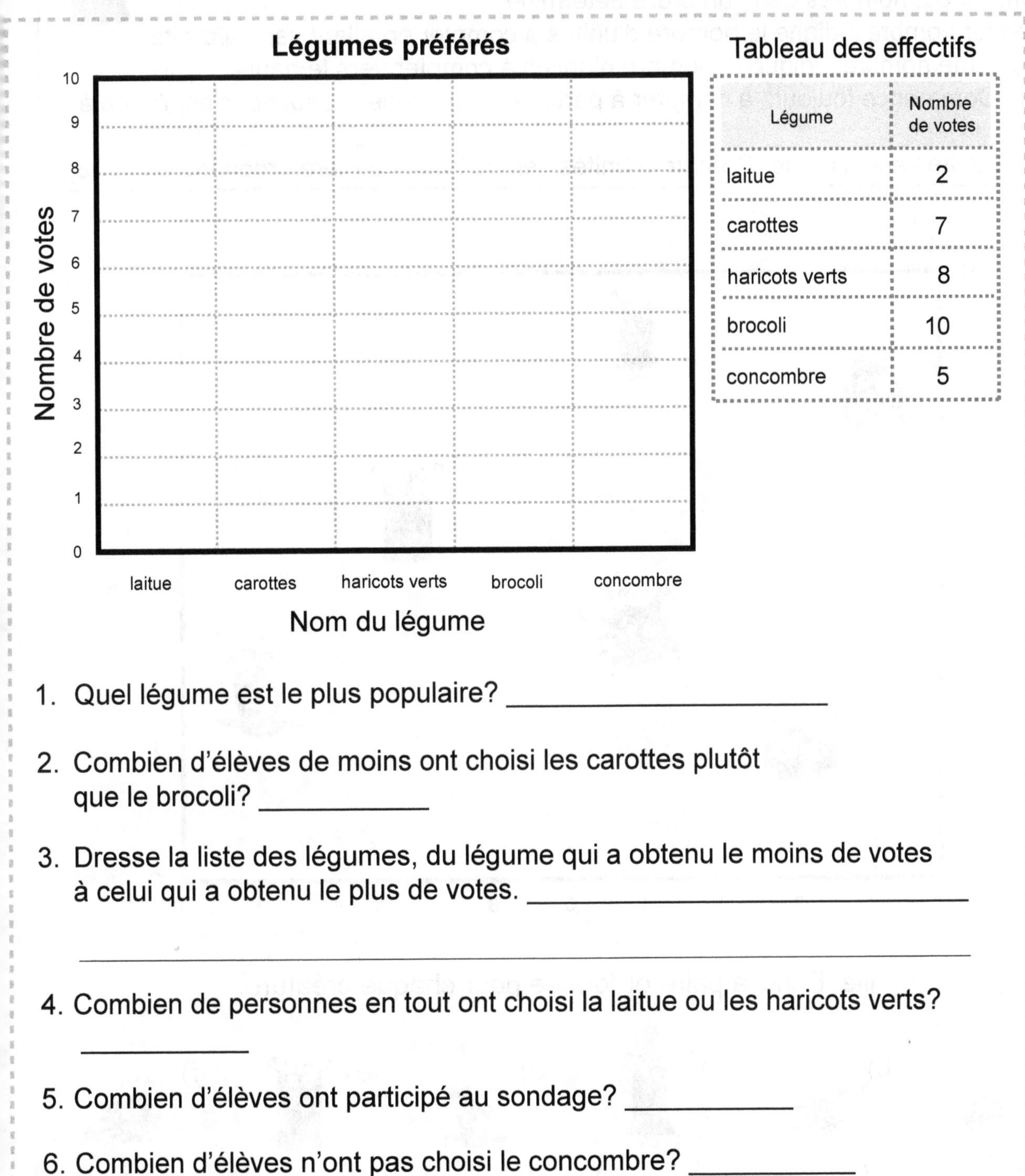

Tableau des effectifs

Légume	Nombre de votes
laitue	2
carottes	7
haricots verts	8
brocoli	10
concombre	5

1. Quel légume est le plus populaire? ____________________

2. Combien d'élèves de moins ont choisi les carottes plutôt que le brocoli? __________

3. Dresse la liste des légumes, du légume qui a obtenu le moins de votes à celui qui a obtenu le plus de votes. ____________________________

   ____

4. Combien de personnes en tout ont choisi la laitue ou les haricots verts?

   ____

5. Combien d'élèves ont participé au sondage? __________

6. Combien d'élèves n'ont pas choisi le concombre? __________

Les paires ordonnées

Une paire ordonnée indique l'emplacement d'un point dans une grille.
Elle comprend 2 nombres dans un ordre déterminé.

- Le premier nombre indique le nombre d'unités à compter en allant vers la droite.
- Le deuxième nombre indique le nombre d'unités à compter vers le haut.

Conseil : Commence toujours à compter à partir du coin inférieur gauche, c'est-à-dire à 0.

Compte 1 unité vers la droite. Compte 8 unités vers le haut. La paire ordonnée est (1, 8).

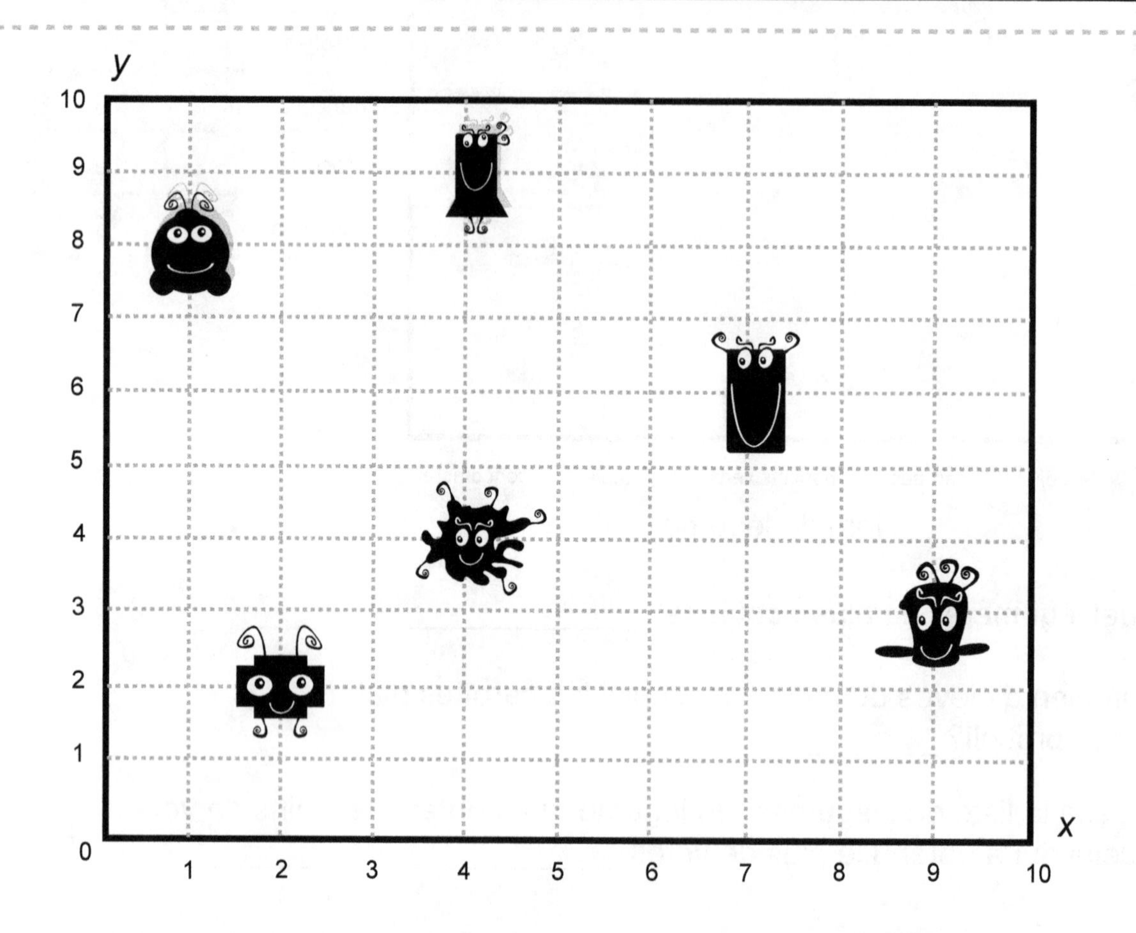

1. Regarde la grille. Écris la paire ordonnée pour chaque créature.

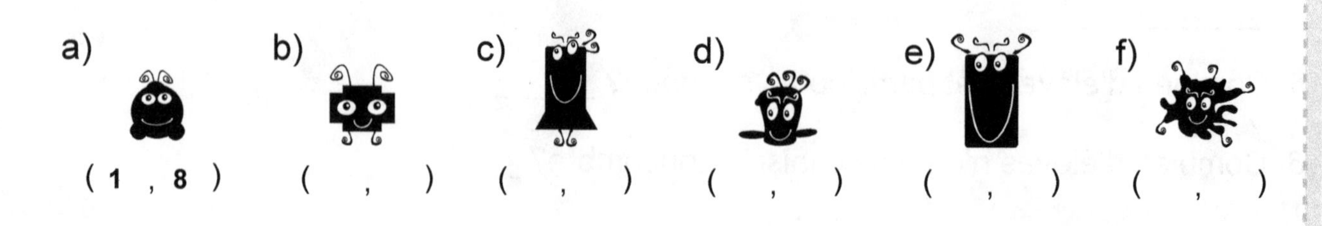

Les paires ordonnées (suite)

. Dessine les figures dans la grille en te servant des paires ordonnées.

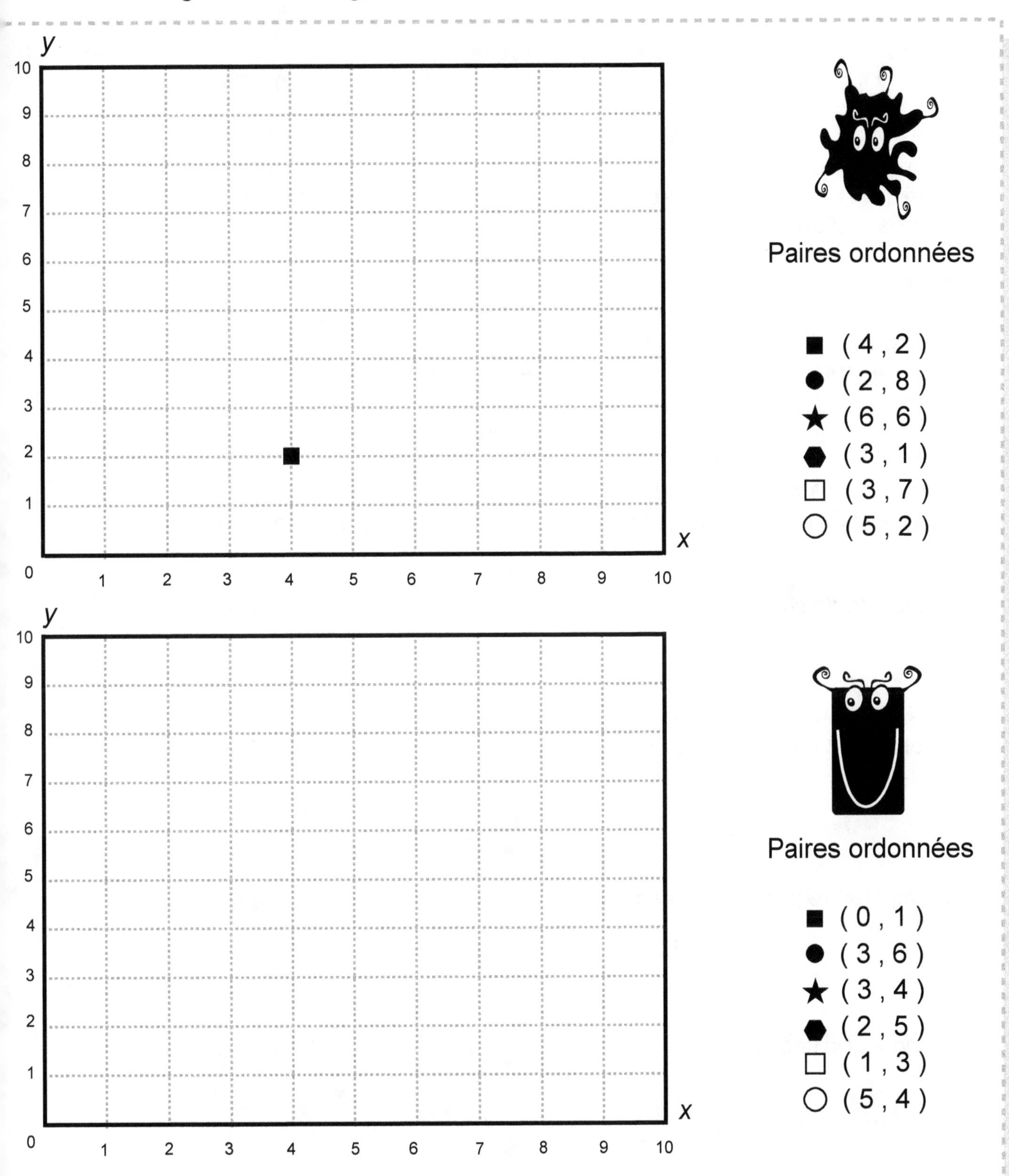

Les mesures

1. Quelle est la meilleure unité de mesure pour prendre chacune des mesures ci-dessous?

kilomètre	mètre	centimètre

La longueur d'une classe	
La largeur d'un timbre	
La distance entre deux villes	
La longueur d'un livre	
La longueur d'un bras	
La longueur d'un autobus	

2. Relie l'outil de mesure qui peut le mieux prendre chacune des mesures ci-dessous :

La quantité de sucre dans une recette de gâteau ●	● règle
Le poids de 3 régimes de bananes ●	● thermomètre
La température par une journée chaude ●	● tasse à mesurer
La longueur d'une chenille ●	● balance

Le périmètre

La longueur de la ligne qui forme une figure est le périmètre.
Pour trouver le périmètre, additionne les côtés.

5 m + 5 m + 3 m + 3 m = 16 m

Le périmètre est de 16 mètres.

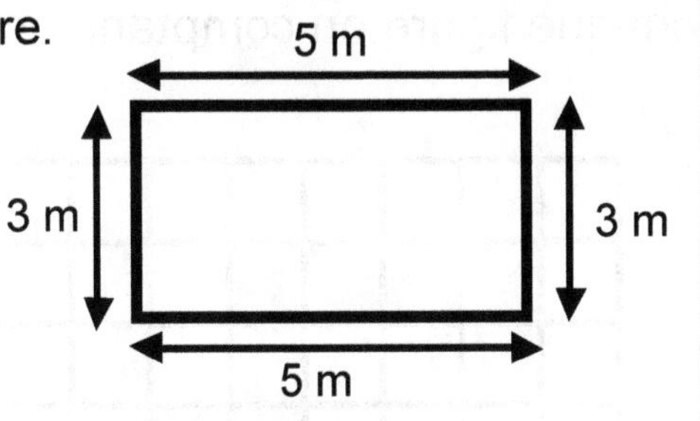

Quel est le périmètre de chaque figure? Utilise l'abréviation **m** pour « mètres ».

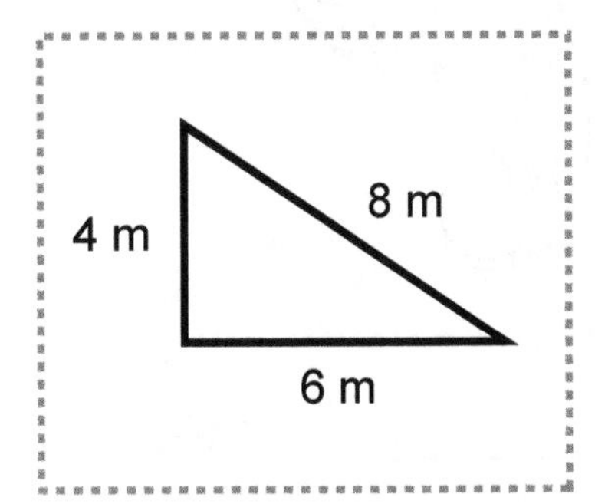

___ + ___ + ___ = ___ m

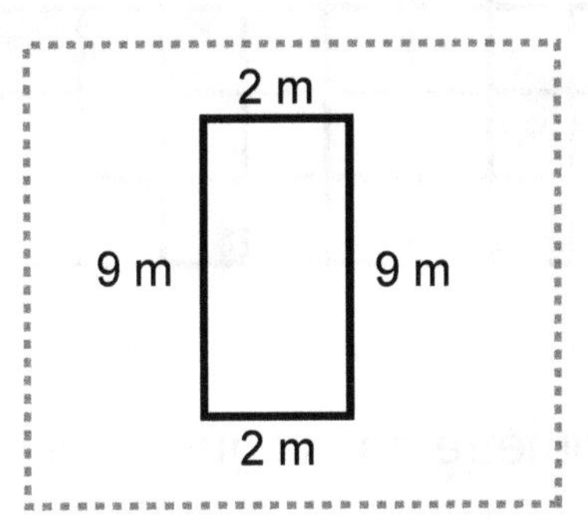

___ + ___ + ___ + ___ = ___ m

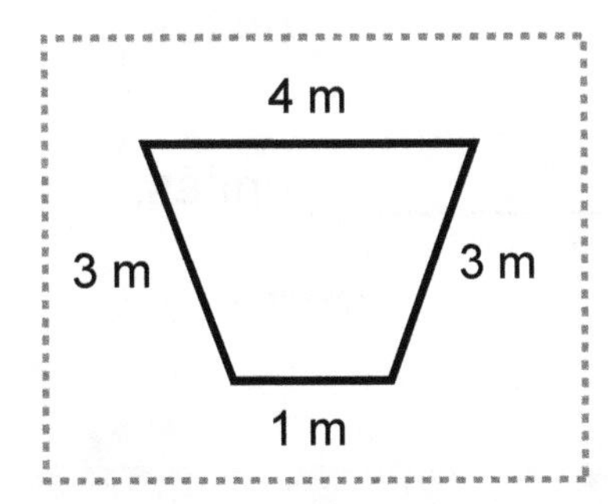

___ + ___ + ___ + ___ = ___ m

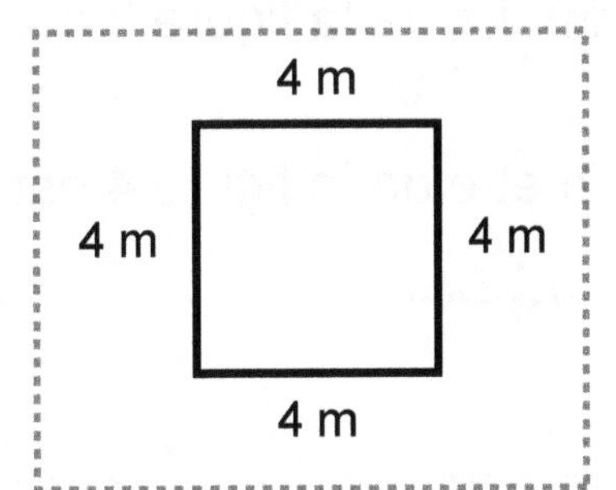

___ + ___ + ___ + ___ = ___ m

Exploration du périmètre

Le périmètre est la longueur de la ligne qui forme une figure. Trouve le périmètre de chaque figure en comptant les unités qui forment la bordure de chaque figure.

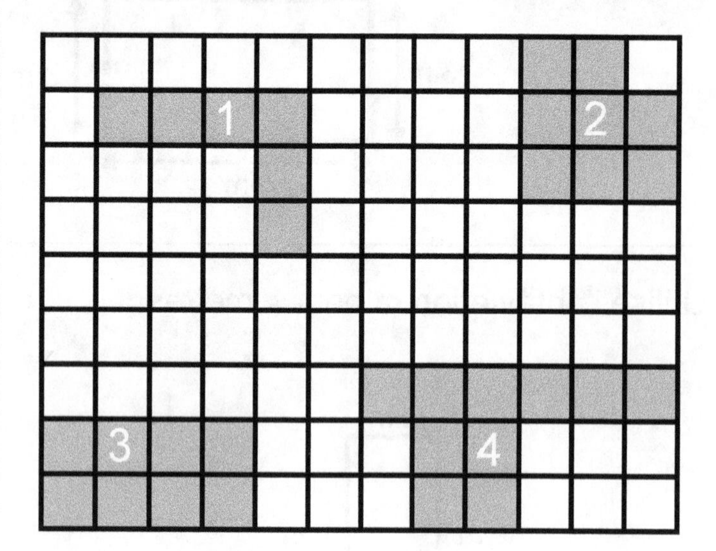

1. Le périmètre de la figure 1 est de ______________________ unités.

2. Le périmètre de la figure 2 est de ______________________ unités.

3. Le périmètre de la figure 3 est de ______________________ unités.

4. Le périmètre de la figure 4 est de ______________________ unités.

RÉFLÉCHIS BIEN

Dans chaque grille, 9 unités carrées sont coloriées.
Encercle la figure qui a le périmètre le plus court.

a) 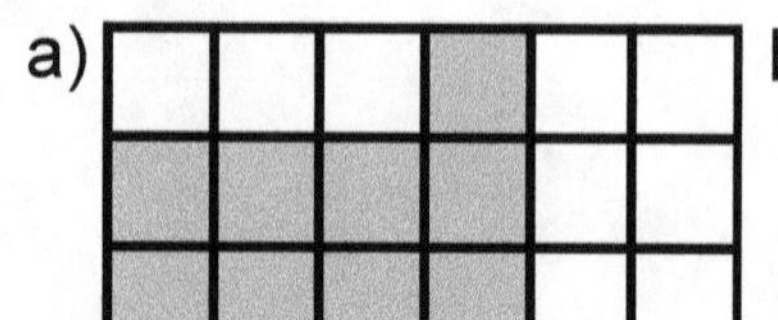

b) 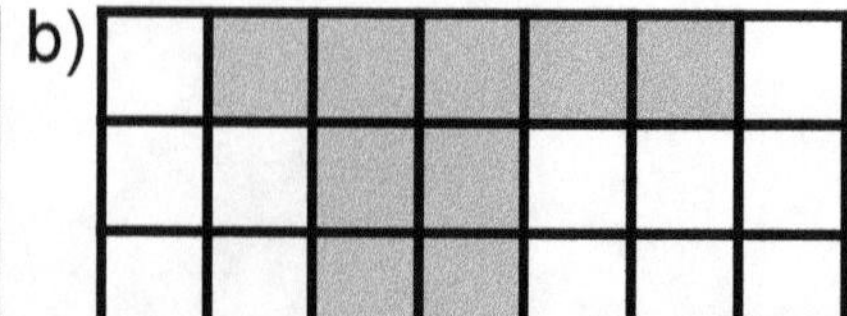

L'aire

L'aire est le nombre total d'unités qui forment la surface d'une figure.

1 carré est égal à 1 unité.
Ici, l'aire mesure 6 unités carrées.

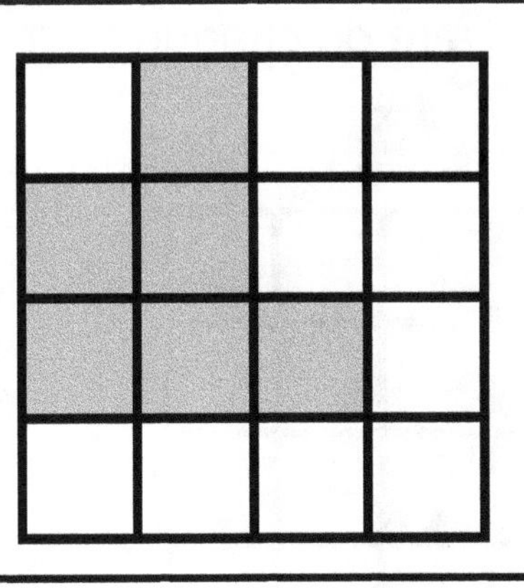

1. Trouve l'aire de chaque figure.

a)

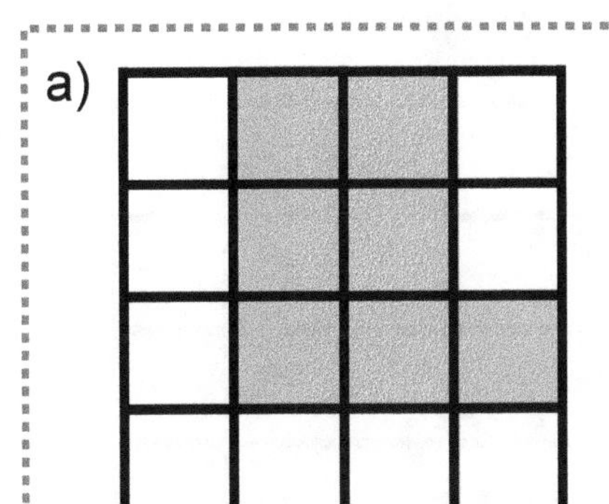

Aire = _____ unités carrées

b)

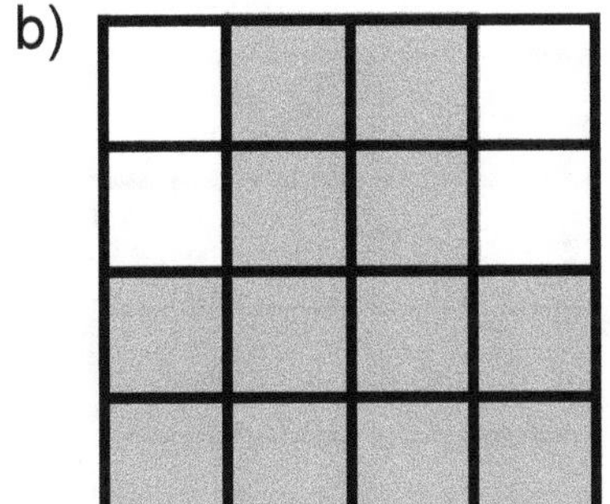

Aire = _____ unités carrées

c)

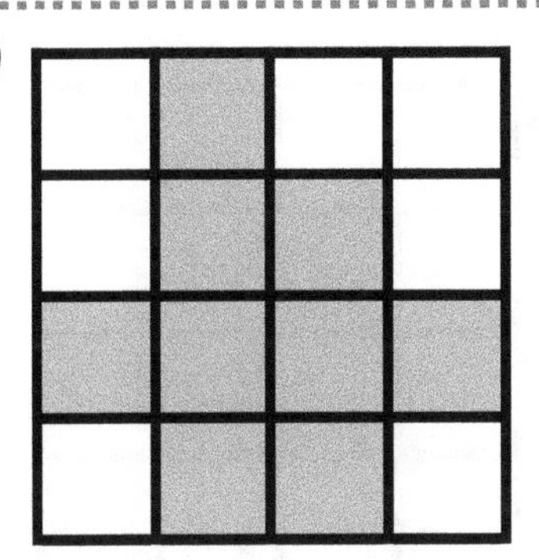

Aire = _____ unités carrées

d)

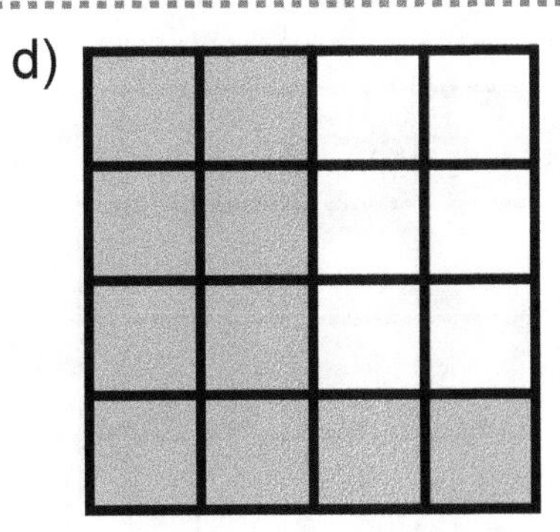

Aire = _____ unités carrées

e)

Aire = _____ unités carrées

f)

Aire = _____ unités carrées

L'aire (suite)

2. Trouve l'aire de chaque figure.

a)

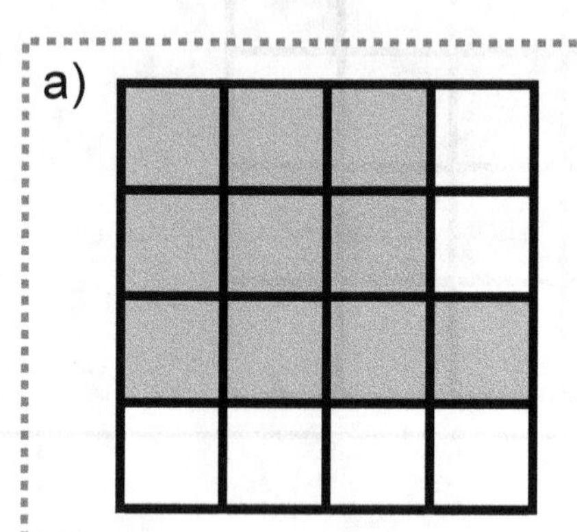

Aire = ______ unités carrées

b)

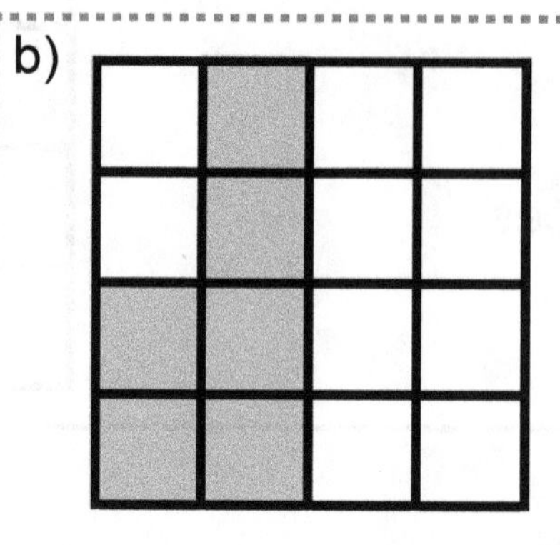

Aire = ______ unités carrées

c)

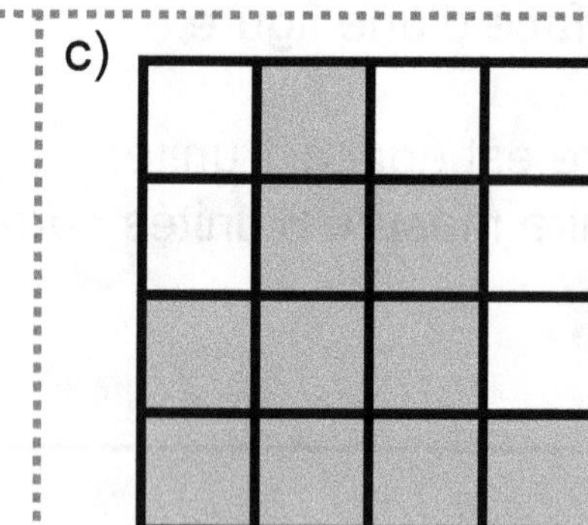

Aire = ______ unités carrées

d)

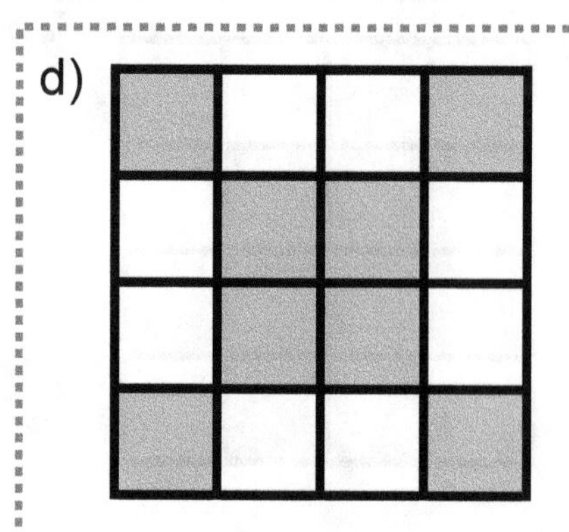

Aire = ______ unités carrées

e)

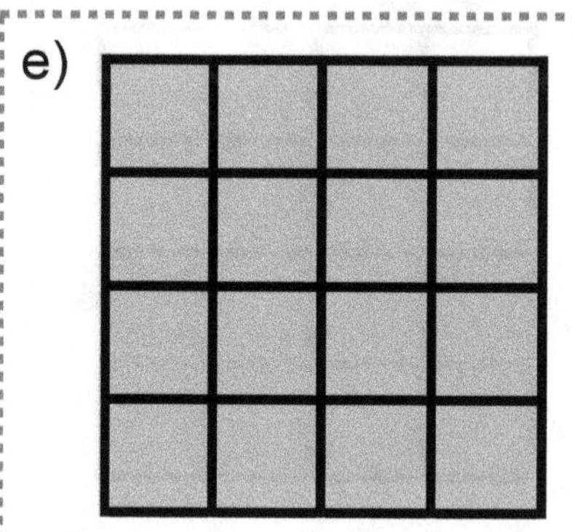

Aire = ______ unités carrées

f)

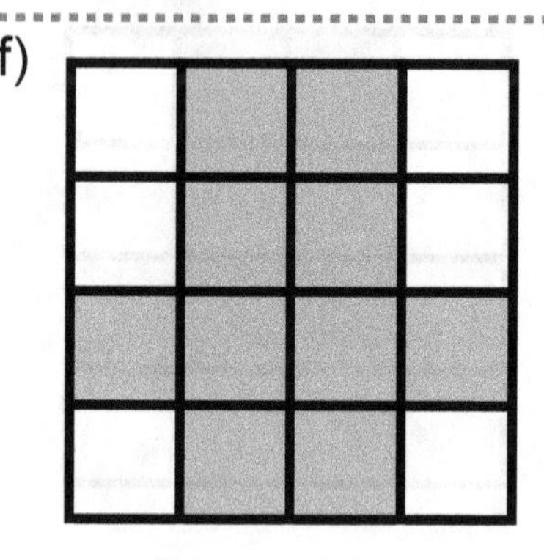

Aire = ______ unités carrées

g)

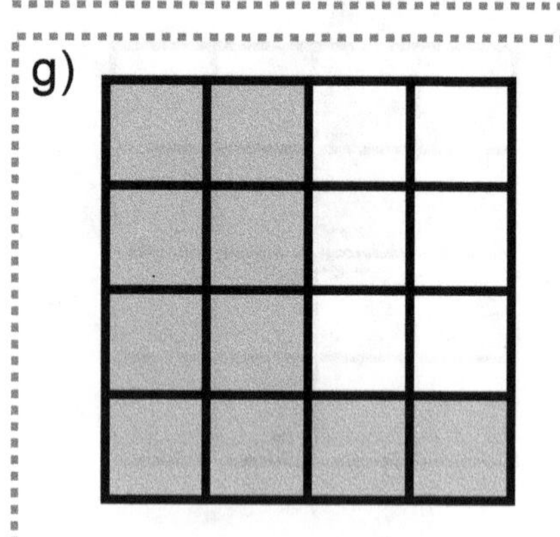

Aire = ______ unités carrées

h)

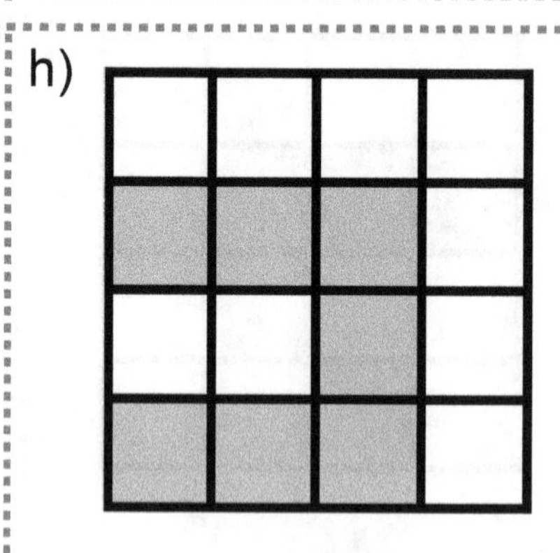

Aire = ______ unités carrées

i)

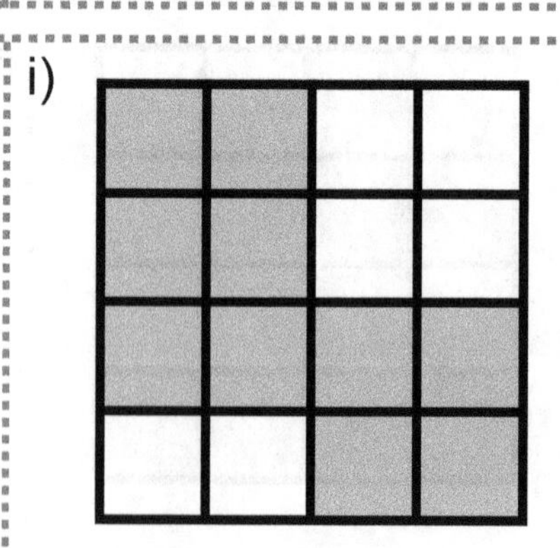

Aire = ______ unités carrées

La longueur

crris la longueur de chaque crayon en centimètres. Écris **cm** pour « centimètres ».

1.

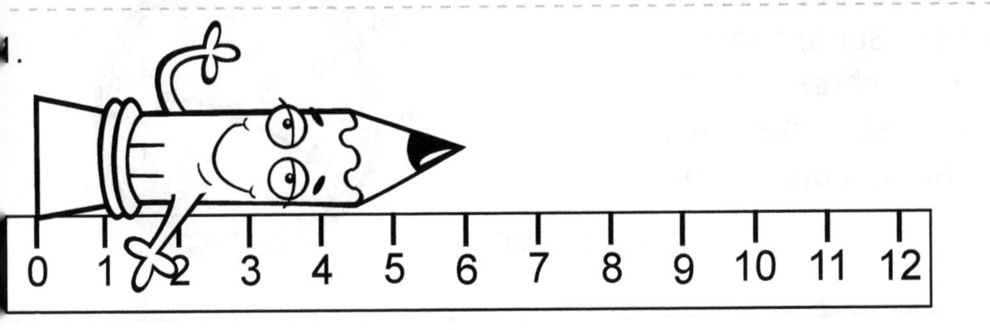

cm

2.

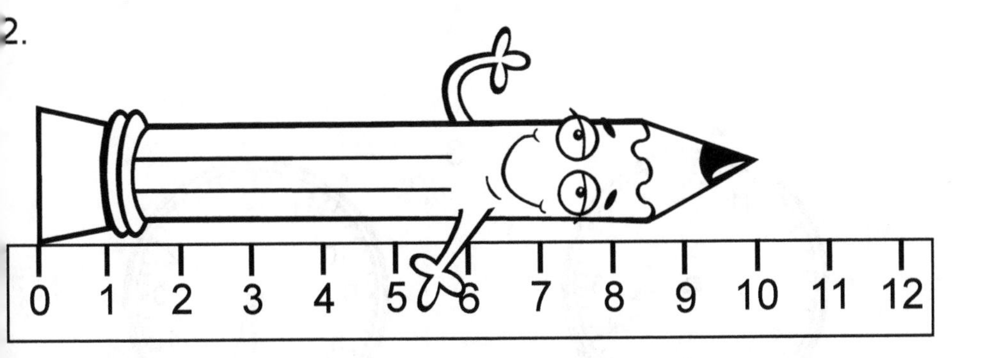

3.

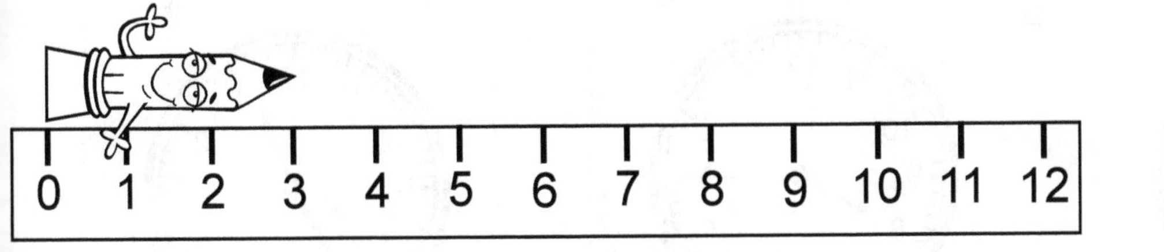

4.

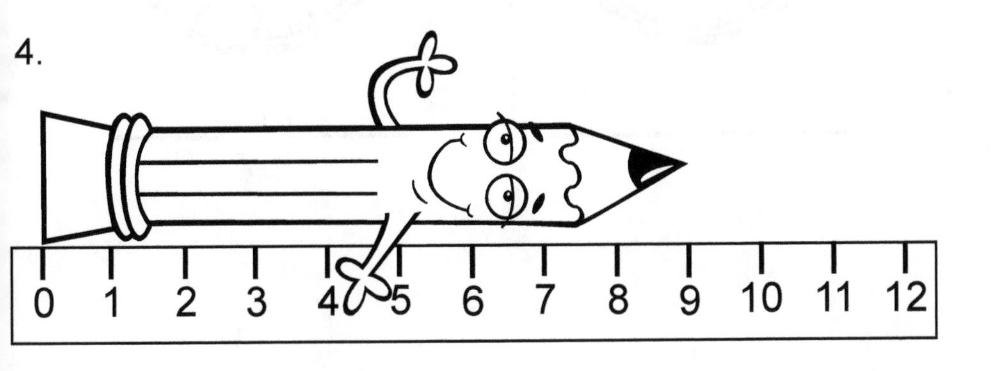

Quelle heure est-il?

Une horloge indique l'heure au moyen de nombres et d'aiguilles. Sur le cadran de l'horloge, on voit les nombres 1 à 12. La grande aiguille des minutes met 5 minutes à passer d'un nombre au nombre suivant.

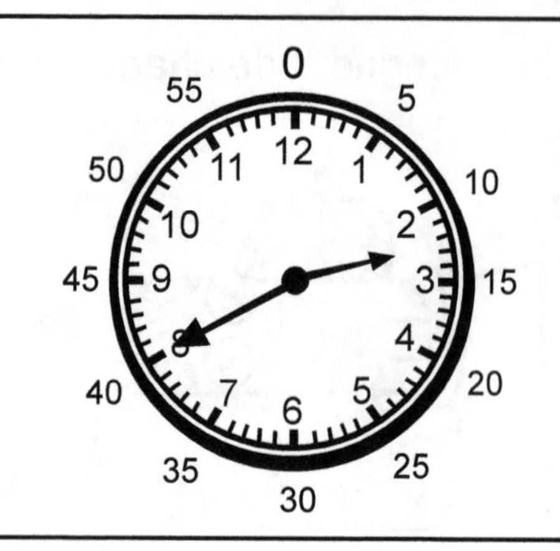

Il est 2 h 40.

Écris l'heure.

Tracer les aiguilles d'une horloge

Trace les deux aiguilles de chaque horloge pour indiquer l'heure.
Surligne l'aiguille des heures en bleu. Surligne l'aiguille des minutes en rouge.

N'oublie pas : La petite aiguille indique l'heure.
La grande aiguille indique les minutes.

1. 10 h 25

2. six heures dix

3. 4 heures moins 20

4. 7 heures et demie

5. 2 heures 25

6. 6 h 30

7. huit heures cinq

8. 2 h 40

La durée

La durée est le temps qui s'écoule entre le début et la fin d'une période de temps.

Début

Fin

25 minutes se sont écoulées.

Écris l'heure du début et l'heure de la fin.

1.

Début

_______ h _______

Fin

_______ h _______

Quelle est la durée?

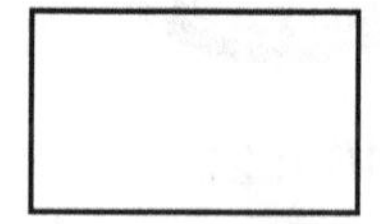

minutes se sont écoulées

2.

Début

_______ h _______

Fin

_______ h _______

Quelle est la durée?

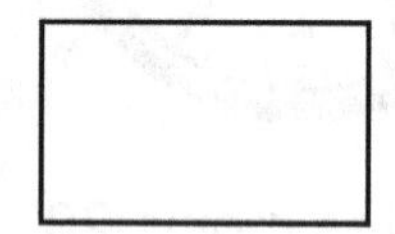

heure s'est écoulée

3.

Début

_______ h _______

Fin

_______ h _______

Quelle est la durée?

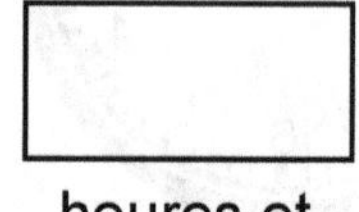

heures et

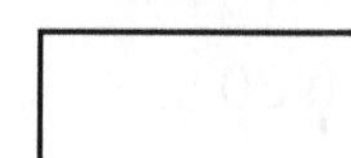

minutes se sont écoulées

Horaire de basketball

Manuel s'entraîne à tirer au panier chaque soir, pendant 25 minutes. Dans le tableau, indique l'heure du début ou l'heure de la fin de chaque séance d'entraînement.

Journée	Début de la séance	Fin de la séance
Dimanche	5 h 45	
Lundi		6 h 20
Mardi	5 h 35	
Mercredi		7 h 25
Jeudi	5 h 40	
Vendredi		4 h 55
Samedi	5 h 5	

2. Pendant combien de minutes Manuel s'entraîne-t-il à tirer au panier pendant la semaine entière? ____________________

RÉFLÉCHIS BIEN

Écris l'heure.

a) Cet après-midi, Mélodie a commencé à faire ses devoirs à :

_____ h _____

b) Mélodie a fait ses devoirs pendant 1 heure 10 minutes. À quelle heure a-t-elle fini ses devoirs?

_____ h _____

Lire un horaire

M. Blouin et ses élèves ont visité l'aquarium. Sers-toi de l'horaire des activités de l'aquarium pour répondre aux questions.

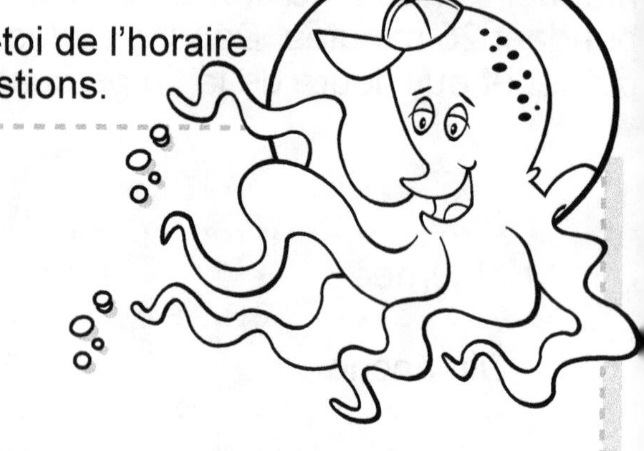

Horaire des activités de l'aquarium

Activité	Spectacle des dauphins	Spectacle des requins	Spectacle à l'aquarium principal	Spectacle des baleines	Aquarium de poissons tropicaux	Film de la vie sous-marine
Début	9 h	10 h 30	12 h	12 h	12 h 30	13 h
Fin	10 h	11 h 30	13 h	12 h 30	14 h	14 h 30

1. Quelles activités débutent entre 9 h et 11 h 30?

____

2. Quelles activités durent 1 heure et demie?

____

3. Quelles activités débutent à 12 h?

____

4. Crée un horaire pour une visite à l'aquarium.

Activité	Début	Fin

Lire un calendrier

Sers-toi des calendriers pour répondre aux questions.

Mars

D	L	M	M	J	V	S
		1	2	3	4	5
6	7	8	9	10	11	12
13	14	15	16	17	18	19
20	21	22	23	24	25	26
27	28	29	30	31		

1. Quel jour de la semaine est le 14 mars?

____

2. Combien de mercredis y a-t-il en mars?

____

3. Quelle sera la date 1 semaine et 2 jours après le 3 mars?

____

4. Quelle est la date du premier mardi en mars?

____

5. Le mois suivant commencera quel jour de la semaine?

____

6. Quelle est la date du troisième lundi?

____

Juin

D	L	M	M	J	V	S
			1	2	3	4
5	6	7	8	9	10	11
12	13	14	15	16	17	18
19	20	21	22	23	24	25
26	27	28	29	30		

7. La fête d'anniversaire de Sandrine aura lieu dans 4 jours. Nous sommes le 6 juin. Quelle est la date de son anniversaire?

____

8. Le tournoi de karaté d'Alex aura lieu dans deux semaines. Nous sommes le 11 juin. Quelle est la date du tournoi?

____

9. Josée part en voyage dans 6 jours. Nous sommes le 10 juin. Quelle est la date du départ de Josée?

____

10. Caro part pour New York dans 9 jours. Nous sommes le 17 juin. Quelle est la date du départ de Caro?

____

Excellent travail!

Tu es un as des maths!

Corrigé

Page 1, Compter par intervalles de 3
1. 12, 15, 18, 21, 24 **2.** 27, 30, 33, 36, 39, 42 **3.** 66, 69, 72, 75, 78, 81 **4.** 45, 48, 51, 54, 57, 60
5. 87, 90, 93, 96, 99 **6.** 39, 36, 33, 30, 27 **7.** 15, 12, 9, 6, 3, 0 **8.** 66, 63, 60, 57, 54, 51 **9.** 96, 93, 90, 87, 84, 81
10. 36, 33, 30, 27, 24, 21

Page 2, Compter par intervalles de 4
1. 16, 20, 24, 28, 32 **2.** 56, 60, 64, 68, 72, 76 **3.** 80, 84, 88, 92, 96, 100 **4.** 72, 76, 80, 84, 88, 92
5. 36, 40, 44, 48, 52, 56 **6.** 48, 44, 40, 36, 32 **7.** 72, 68, 64, 60, 56, 52 **8.** 20, 16,12, 8, 4, 0
9. 96, 92, [88], 84, 80, 76 **10.** 40, 36, 32, 28, 24, 20

Page 3, Compter par intervalles de 5 et de 25
1. 10, 15, 20, 25, 30 **2.** 40, 45, 50, 55, 60, 65 **3.** 75, 80, 85, 90, 95, 100 **4.** 30, 25, [20], 15, 10, 5
5. 95, 90, 85, 80, 75, 70 **6.** 65, 60, 55, 50, 45, 40 **7.** 75, 100, 125, 150, 175 **8.** 225, 250, 275, 300, 325, 350
9. 275, 250, 225, 200, 175

Page 4, Compter par intervalles de 10
1. 30, 40, 50, [60], 70, 80 **2.** 43, 53, 63, 73, 83, 93 **3.** 234, 244, 254, 264, 274, 284 **4.** 59, 69, 79, 89, 99, 109
5. 140, 150, 160, 170, 180, 190 **6.** 90, 80, 70, 60, 50, 40 **7.** 71, 61, 51, 41, 31, 21 **8.** 158, 148, 138, 128, 118, 108
Réfléchis bien : **a)** 20 **b)** 30 **c)** 50 **d)** 70

Page 5, Compter par intervalles de 100
1. 300, 400, 500, 600, 700 **2.** 402, 502, [602], 702, 802, 902 **3.** 315, 415, 515, 615, 715, 815, 915
4. 227, 327, 427, 527, 627, 727 **5.** 448, 548, 648, 748, 848, 948 **6.** 800, 700, 600, 500, 400, 300
7. 643, 543, 443, 343, 243, 143 **8.** 519, 419, 319, 219, 119, 19
Réfléchis bien : **a)** 300 **b)** 500 **c)** 1000

Page 6, Compter à rebours par intervalles de 5
Réfléchis bien : **a)** L'erreur est 50, qui aurait dû être 52 **b)** L'erreur est 88, qui aurait dû être 87
c) L'erreur est 61, qui aurait dû être 60

Page 7, Compter jusqu'à 1000 par intervalles de 25
Réfléchis bien : **a)** 870, 865, 860, 855, 850, 845, 840 **b)** 934, 924, 914, 904, 894, 884, 874

Page 8, Suite de nombres croissants
1. 12, 16, 20, 24, 28, 32, 36 **2.** 20, 25, 30, 35, 40, 45, 50 **3.** 15, 25, 35, 45, 55, 65, 75 **4.** Les réponses varieront selon le nombre que chaque élève choisit d'ajouter chaque fois. Exemple : L'élève choisit d'ajouter 3. Le reste de la suite est 9, 12, 15, 18, 21, 24, 27.

Page 9, Suite de nombres décroissants
1. 27, 24, 21, 18, 15, 12, 9 **2.** 40, 35, 30, 25, 20, 15, 10 **3.** 80, 70, 60, 50, 40, 30, 20 **4.** Les réponses varieront selon le nombre que chaque élève choisit de soustraire chaque fois. Exemple : L'élève choisit de soustraire 3.
Le reste de la suite est 22, 19, 16, 13, 10, 7, 4.

Page 10, Nombres pairs et impairs
Impairs : 23, 715, 689, 991, 375, 675, 807, 5, 777, 51, 11, 93. Pairs : 904, 34, 2, 74, 70, 536, 352, 44, 12, 678, 68.

Page 11, Comparer et ordonner des nombres
1. Juste avant : 55; Juste après : 22; Juste avant et après : 79, [89], 99; Entre : 24; Juste après : 36
2. a) 231 **b)** 345 **c)** 129 **d)** 320 **e)** 537 **f)** 456 **g)** 959 **h)** 222 **3.** 111, 118, 127, 129, 154, 171; 30, 317, 339, 363, 384, 400
4. 123, 95, 84; 289, 245, 212

Pages 12–13, Centaines, dizaines et unités
1. 2, 1, 8; 218 **2.** 3, 1, 9; 319 **3.** 1, 3, 7; 137 **4.** 5, 3, 0; 530 **5.** 2, 3, 3; 233 **6.** 3, 4, 5; 345
7. 1, 4, 5; 145 **8.** 2, 3, 1; 231 **9.** 3, 2, 2; 322 **10.** 4, 1, 5; 415 **11.** 5, 0, 4; 504 **12.** 2, 5, 5; 255
Réfléchis bien : Les nombres à encercler : **a)** 149 **b)** 128 **c)** 289 **d)** 475

Page 14, Écrire le nombre
1. 6, 4, 3, 643 **2.** 3, 5, 0, 350 **3.** 1, 6, 7, 167 **4.** 5, 3, 9, 539

Page 15, Valeur de position
2. 20 **3.** 400 **4.** 80 **5.** 200 **6.** 70 **7.** 500 **8.** 2 **9.** 400 + 70 + 6 **10.** 200 + 50 + 8
11. 900 + 60 + 7

Page 16, Quelle est la valeur de position?
1. 9 **2.** 3 **3.** 1 **4.** 7 **5.** 40 **6.** 4 **7.** 70 **8.** 2
Réfléchis bien : **a)** > **b)** > **c)** < **d)** <

Page 17, Écrire les nombres de différentes façons
1. 140 + 1, image des cubes **2.** image des cubes, 2 centaines et 2 dizaines et 9 unités
3. 3 centaines et 1 dizaine et 6 unités, 300 + 10 + 6 **4.** image des cubes, 1 centaine et 5 dizaines et 3 unités
5. 2 centaines et 9 dizaines et 0 unité, 200 + 90 + 0 **6.** 3 centaines et 6 dizaines et 5 unités, 300 + 60 + 5

Page 18, Écrire les nombres dans leur forme normale
1. 145 **2.** 76 **3.** 92 **4.** 262 **5.** 304 **6.** 211 **7.** 856 **8.** 80 **9.** 650 **10.** 45
11. 439 **12.** 583

Page 19, Écrire les nombres en lettres
1. b) deux cent trente-quatre **c)** quatre cent cinquante-six **d)** cent trente-neuf **e)** neuf cent dix-huit
2. a) douze **b)** cinquante-deux **c)** trois cent soixante-cinq **d)** trente, trente et un **e)** vingt-quatre **f)** soixante

Page 20, Arrondir un nombre
1. 670, 700 **2.** 100, 100 **3.** 840, 800 **4.** 110, 100 **5.** 650, 700 **6.** 720, 700 **7.** 570, 600
8. 450, 500 **9.** 500, 500 **10.** 810, 800

Page 21, Nombres ordinaux
1. 2e, 3e, 4e, 5e, 6e, 7e, 8e, 9e, 10e **2. a)** a **b)** o **c)** o **d)** h **e)** n **3. a)** Louis **b)** Lisa **c)** cinquième **d)** onzième
Réfléchis bien : Un X sur le deuxième chat, et un cercle autour du cinquième

Page 22, Additions et soustractions
Première rangée : 29, 19, 11 Deuxième rangée : 22, 27, 20 Troisième rangée : 13, 21, 28 Quatrième rangée : 21, 25, 18
Cinquième rangée : 25, 22, 7 Sixième rangée : 19, 27, 6

Pages 23–24, Additions de nombres à trois chiffres sans regroupement
1. Première rangée : 685, 637, 698, 897, 974 Deuxième rangée : 962, 788, 685, 595, 946 Troisième rangée : 987, 657, 864, 899, 744 Quatrième rangée : 797, 952, 448, 833, 695 **2.** Première rangée : 147, 785, 713, 478, 497 Deuxième rangée : 357, 948, 488, 854, 956 Troisième rangée : 348, 598, 976, 566, 858 Quatrième rangée : 753, 376, 999, 979, 866 Cinquième rangée : 599, 879, 849, 948, 998

Pages 25–26, Additions de nombres à trois chiffres avec regroupement
1. 819, 713, 747, 729, 327, 407, 817, 835, 609, 809, 929, 917, 318, 615, 809
2. [651], 697, 680, 771, 854, 574, 850, 772, 991, 686, 766, 865, 853, 670, 781 **3.** [402], 415, 623, 821, 814

Page 27, Décomposer pour former une dizaine – Addition
1. a) 8 + 2 + 5, 10 + 5, 15 **b)** 25 + 5 + 4, 30 + 4, 34 **2. a)** 34 + 6 +1 = 40 + 1 = 41 **b)** 49 + 1 + 3 = 50 + 3 = 53
c) 73 + 7 + 1 = 80 + 1 = 81 **d)** 59 + 1 + 4 = 60 + 4 = 64 **e)** 48 + 2 + 11 = 50 + 11 = 50 + 10 + 1 = 61
f) 65 + 5 + 10 = 70 + 10 = 80

Pages 28–29, Soustractions de nombres à trois chiffres sans regroupement
1. 247, 244, 116, 144, 321, 455, 264, 212, 144, 471, 322, 526, 110, 111, 20, 455, 202, 75, 151, 303
2. 12, 716, 442, 14, 264, 127, 157, 325, 213, 210, 214, 101, 145, 216, 315, 211, 73, 343, 152, 863
Réfléchis bien : 113

Page 30, Association soustraction/réponse
245 – 131 = 114, 396 – 252 = 144, 697 – 30 = 667, 528 – 212 = 316, 473 – 222 = 251, 138 – 35 = 103, 779 – 348 = 431, 484 – 162 = 322

Pages 31–32, Décomposer pour faire une dizaine – Soustraction
1. a) 16 – 10 = 6 **b)** 13 + 3 – 7 + 3 = 16 – 10 = 6, ajouter 3 **c)** 17 + 2 – 8 + 2 = 19 – 10 = 9, ajouter 2
d) 18 + 1 – 9 + 1 = 19 – 10 = 9, ajouter 1 **e)** 43 + 4 – 6 + 4 = 47 – 10 = 37, ajouter 4 **f)** 34 + 5 – 5 + 5 = 39 – 10 = 29, ajouter 5
g) 26 + 3 – 7 + 3 = 29 – 10 = 19, ajouter 3 **2. a)** 34 + 3 – 17 + 3 = 37 – 20 = 17, ajouter 3 **b)** 28 + 1 – 19 + 1 = 29 – 20 = 9, ajouter 1 **c)** 22 + 4 – 16 + 4 = 26 – 20 = 6, ajouter 4 **d)** 34 + 5 – 15 + 5 = 39 – 20 = 19, ajouter 5 **e)** 43 + 5 – 35 + 5 = 48 – 40 = 8. Ajouter 5 **f)** 51 + 1 – 39 + 1 = 52 – 40 = 12, ajouter 1 **g)** 35 + 4 – 26 + 4 = 39 – 30 = 9, ajouter 4

Pages 33–34, Soustractions de nombres à trois chiffres avec regroupement
1. 191, 181, 371, 263, 292, 80, 190, 180, 281, 182, 482, 493, 360, 591, 461 **2.** [311], 295, 219, 118, 515, 215, 112, 307, 208, 161, 559, 113, 336, 145, 219 **3.** 234, 245, 637, 95, 256

Page 35, Problèmes à résoudre
1. 49, soustraction **2.** 107, soustraction **3.** 432, addition **4.** 693, addition

Page 36, Devinette avec de l'argent
Les poissons-souris n'existent pas.

Page 37, Compter avec des pièces de monnaie
1. 3,75 $ **2.** 5,25 $ **3.** 4,25 $ **4.** 5,50 $ **5.** 4,75 $

Page 38, Estimer une somme d'argent
1. L'estimation pourrait varier, 2,50 $ **2.** L'estimation pourrait varier, 4,35 $ **3.** L'estimation pourrait varier, 3,50 $
4. L'estimation pourrait varier, 4,75 $

Page 39, Équivalences dans les pièces de monnaie
a) 1,75 $, 1,00 $ + 0,25 $ + 0,25 $ + 0,25 $ **b)** 2,15 $, 2,00 $ + 0,10 $ + 0,05 $ **c)** 2,30 $, 2,00 $ + 0,25 $ + 0,05 $
d) 3,10 $, 2,00 $ + 1,00 $ + 0,10 $

Pages 40–41, Comparer des sommes d'argent
1. a) 7,05 $ > 3,55 $ **b)** 7,90 $ > 6,65 $
Réfléchis bien : **1.** 4,50 $ **2.** 9,45 $ **3.** 2,25 $
2. a) 8 $ > 7,65 $ **b)** 8,35 $ > 7,30 $ **c)** c) 7,15 $ < 8,15 $

Page 42, À la cafétéria

1. 0,65 $, 0,85 $, 0,90 $, 0,95 $, 1,15 $, 1,50 $, 1,80 $, 1,90 $ **2. a)** 3 $ **b)** Oui **3.** Les réponses varieront, mais le total ne devrait pas dépasser 4,75 $. Exemple : Marco pourrait acheter un sandwich, le macaroni au fromage et une limonade. 4,75 $ - 1,90 $ - 1,80 $ - 0,95 $ = 0,10 $ en monnaie **4.** Les réponses varieront, mais le total ne devrait pas dépasser 6 $. Exemple : Avec 6 $, tu peux acheter un sandwich, le macaroni au fromage, une pointe de pizza et la gelée dessert. On te remettrait 0,15 $ en monnaie.

Pages 43–44, Groupements

1. a) 4, 5, 4 × 5 = 20 **b)** 3, 6, 3 × 6 = 18 **c)** 3, 4, 3 × 4 = 12 **2. a)** 2 × 5 = 10 **b)** 5 × 2 = 10 **c)** 3 × 5 = 15 **d)** 3 × 3 = 9 **3. a)** 5 × 3 = 15 **b)** 4 × 6 = 24 **c)** 1 × 5 = 5 **d)** 2 × 7 = 14 **e)** 3 × 4 = 12 **f)** 6 × 2 = 12 **g)** 4 × 4 = 16 **h)** 6 × 1 = 6 **i)** 3 × 2 = 6 **j)** 7 × 4 = 28 **k)** 2 × 5 = 10 **l)** 5 × 5 = 25

Page 45, Multiplier en comptant par bonds

4 × 5 = 20; 2 × 5= 10; 2 × 9 =18

Page 46, Compter par intervalles

1. 6, 18 **2.** 8, 40 **3.** 5, 50

Pages 47–48, Addition et multiplication

1. 12, 12; 6, 6; 20, 20; 12, 12; 14, 14; 16, 16 **2.** 5 + 5 + 5 = 15, 3 × 5 = 15; 8 + 8 = 16, 2 × 8 = 16; 7 + 7 = 14, 2 × 7 = 14; 3 + 3 + 3 + 3 + 3 = 15, 5 × 3 = 15; 9 + 9 = 18, 2 × 9 = 18; 4 + 4 + 4 + 4 = 16, 4 × 4 = 16; 5 + 5 + 5 + 5 = 20, 4 × 5 = 20; 10 + 10 = 20, 2 × 10 = 20; 2 + 2 + 2 + 2 + 2 = 10, 5 × 2 = 10

Pages 49–50, Utiliser des doubles pour multiplier

1. 5, 20, 5, 10, 20 + 10 = 30, 30; 7, 20, 7 est 14, 20 + 14 = 34, 34; 4, 20, 4 est 8, 20 + 8 = 28, 28; 1, 40, 1 est 2, 40 + 2 = 42, 42 **2. a)** 14, 28 **b)** 16, 32 **c)** 10, 20 **d)** 18, 36 **e)** 15, 30 **f)** 18, 36

Page 51, Jeu d'association

1re colonne : 8, 18, 20, 6, 2, 18, 12, 70, 4, 16, 81, 6, 8, 14, 30

2e colonne : 16, 30, 6, 12, 70, 18, 20, 2, 6, 8, 8, 4, 14, 81, 18

Page 52, Multiplier tout en s'amusant

6 × 6 = 36, 5 × 4 = 20, 2 × 5 = 10, 4 × 3 = 12, 6 × 2=12, 4 × 2 = 8, 3 × 5 = 15, 3 × 3= 9, 4 × 6=24

Page 53, Devinette de multiplication

A = 20, C = 18, E = 8, I = 15, L = 14, N = 12, O = 25, P = 6, Q = 10, R = 0, S = 4, T = 16, U = 9. Parce qu'il était un peu rouillé!

Page 54, Multiplier par 1, 2 et 3

Première rangée : 18, 3, 9, 2, 8; deuxième rangée : 10, 15, 2, 16, 27; troisième rangée : 6, 4, 0, 6, 3; quatrième rangée : 0, 5, 4, 6, 14; cinquième rangée : 9, 12, 24

Page 55, Des doubles, plus un autre groupement

10, 5, 10 + 5 = 15, 15; 14, 7, 14 + 7 = 21, 21; 12, 6, 12 + 6 = 18, 18

Page 56, Multiplier par 4, 5 et 6
Première rangée : 24, 4, 54, 12, 20; deuxième rangée : 25, 20, 6, 40, 36; troisième rangée : 15, 24, 0, 8, 18; quatrième rangée : 0, 30, 10, 36, 35. Réfléchis bien : 32

Page 57, Multiplier par 7, 8 et 9
Première rangée : 54, 9, 63, 14, 32; deuxième rangée : 40, 45, 7, 64, 81; troisième rangée : 24, 28, 0, 18, 21; quatrième rangée : 0, 35, 16, 42, 49. Réfléchis bien : 72, dessin montrant 8 groupes de 9

Page 58, Multiplier par 10
Première rangée : 10, 90, 20, 60, 40; deuxième rangée : 50, 30, 70, 100, 80; troisième rangée : 90, 20, 50, 60, 10; quatrième rangée : 0, 70, 40, 30, 100; cinquième rangée : 10, 20, 60

Page 59, Blague de maths
A = 36, E = 27, I = 9, L = 16, M = 25, N = 4, O = 30, P = 12, Q = 100, S = 64, T = 8, U = 70, V = 40. Il voulait que le temps s'envole!
Réfléchis bien : 8, 9, 7, 8

Page 60, Initiation à la division
1. 5, 5 **2.** 4, 4 **3.** 4, 4 **4.** 2, 2 **5.** 4, 4

Page 61, Diviser en comptant par bonds
18; 8, 2, 16, 8; 3, 5, 15, 3; 5, 4, 20, 5

Page 62, Divisions amusantes
1. 12 ÷ 4 = 3 **2.** 10 ÷ 2 = 5 **3.** 12 ÷ 6 = 2 **4.** 10 ÷ 2 = 5 **5.** 8 ÷ 2 = 4 **6.** 8 ÷ 4 = 2

Page 63, Devinette de division
A = 2, C = 6, E = 3, F = 4, I = 7, O = 5, R = 8, S = 1, U = 9. Faire ses courses!
Réfléchis bien : 40 ÷ 8 = 5, 5 rangées de 8 arbres

Page 64, Lien entre l'addition et la division
1. 12, 3, 4, 12 **2.** 27, 9, 3, 27 **3.** 50, 5, 10, 50 **4.** 10, 2, 5, 5 **5.** 24, 4, 6, 24 **6.** 32, 8, 4, 8 **7.** 30, 6, 5, 30
8. 16, 8, 2, 2 **9.** 40, 8, 5, 5 **10.** 20, 5, 4, 5

Page 65, Relation entre la multiplication et la division
Première rangée : 5, 2, 3; deuxième rangée : 3, 5, 2; troisième rangée : 4, 4, 1; quatrième rangée : 5, 12, 7; cinquième rangée : 4, 3; sixième rangée : 18, 40

Page 66, Diviser par 1, 2 et 3
Première rangée : 6, 1, 7, 4, 6; deuxième rangée : 5, 7, 1, 1, 2; troisième rangée : 5, 2, 9, 3, 3; quatrième rangée : 2, 9, 9, 8, 8; cinquième rangée : 5, 8, 6, 4, 5

Page 67, Diviser par 4, 5 et 6
Première rangée : 10, 9, 8, 4, 5; deuxième rangée : 7, 6, 1, 9, 5; troisième rangée : 8, 3, 10, 2, 5;
quatrième rangée : 8, 6, 4, 2, 2; cinquième rangée : 3, 7, 7, 2, 4

Page 68, Diviser par 7, 8 et 9
Première rangée : 9, 2, 5, 7, 10; deuxième rangée : 2, 4, 8, 7, 7; troisième rangée : 5, 2, 3, 6, 4; quatrième rangée : 9, 8, 6, 1, 9; cinquième rangée : 5, 3, 1, 2, 4

Page 69, Diviser par 10

Première rangée : 8, 6, 1, 4, 2; deuxième rangée : 5, 10, 9, 1, 7; troisième rangée : 2, 6, 3, 4, 2; quatrième rangée : 8, 7, 10, 5, 9

Page 70, Fractions : parties égales

1. [1/2], 1/4, 1/2 **2.** 1/4, 1/2, 1/2 **3.** 1/3, 1/2, 1/2 **4.** 1/4, 1/2, 1/4 **5.** 1/8, 1/4, 1/2 **6.** 1/2, 1/3,1/3

Pages 71–72, Exploration des fractions

1. 7/8, 1/8, 1/2, 2/6, 3/5, 8/9, 3/4, 2/3, 1/3. Réfléchis bien : Les bonnes réponses sont c et f.

2. 1/8, 2/3, 2/3, 5/6, 2/5, 4/10, 1/2, 2/9, 3/9, 2/8, 1/2, 3/4. Réfléchis bien : **a)** 3/11 **b)** 2/5.

Page 73, Des fractions en couleurs

Les réponses varieront.

Réfléchis bien : Les réponses varieront.

Page 74, Fractions de groupes

1 image devrait être coloriée, 2 des images devraient être coloriées, 2 des images devraient être coloriées, 1 des images devrait être coloriée, 3 des images devraient être coloriées, 1 des images devrait être coloriée, 1 des images devrait être coloriée, 1 des images devrait être coloriée.

Page 75, Problèmes avec des fractions

1. 2/4 **2.** 3/8 **3.** 1/3 **4.** 2/8 **5.** 1/2

Pages 76–78, Les polygones

1. triangle : 3, 3; carré : 4, 4; pentagone : 5, 5; hexagone : 6, 6; octogone : 8, 8. **2.** rectangle : 4, 4; losange : 4, 4; parallélogramme : 4, 4; trapèze : 4, 4

Réfléchis bien : Les réponses varieront.

3. Un X tracé sur les figures 1, 3, 5, 8, 10, 11 et 14. La figure 7 devrait être coloriée en bleu.

Les figures 2, 4, 6, 9, 12, 13 et 15 devraient être coloriées en rouge.

Réfléchis bien : Les figures 1, 3, 4, 5, 7 et 9 devraient être coloriées en orange. Un X tracé sur les figures 2, 6, 8 et 10.

Page 79, Figures en 2D

losange, hexagone, cercle, triangle, octogone, pentagone, trapèze, rectangle, parallélogramme, ovale, carré

Page 80, Tri de figures en 2D

Le pentagone et l'hexagone devraient être coloriés. Le carré, le rectangle et le trapèze devraient être coloriés. Le carré, le triangle et le trapèze devraient être coloriés. Le pentagone, le rectangle et l'octogone devraient être coloriés. Le rectangle, le cercle, le triangle et le parallélogramme devraient être coloriés.

Page 81, Figures en 2D

5; 4, 3; 1, 6, 8, 9, 10; 9, 10; 1, 4, 3, 8, 9, 10

Pages 82–83, Identification d'objets en 3D

1. Voici les objets dans la colonne de gauche : pyramide, cube, cylindre, cône, sphère, prisme à base rectangulaire

2. Objets encerclés : cadeau, cannette, ballon

Réfléchis bien : **a)** Le cube devrait être encerclé. **b)** Le cylindre devrait être encerclé.

Page 84, Attributs d'objets en 3D
Sphère, 1, 0, 0; cube, 6, 12, 8; cylindre, 3, 2, 0; cône, 2, 1, 1

Page 85, Objets en 3D
Objets encerclés : **1.** cube **2.** cône **3.** prisme à base rectangulaire **4.** pyramide à base carrée **5.** pyramide triangulaire **6.** cylindre **7.** cylindre **8.** cube

Page 86, La symétrie
Un cercle autour de A, X, O, W et U. Un X sur G, L, R et P.

Page 87, La symétrie en dessin
Les dessins varieront, mais les deux moitiés devraient, autant que possible, être symétriques.

Page 88, Figures congruentes
Réfléchis bien : 1, 0, 1, 0, 0

Page 89, Réflexion, translation et rotation
1. réflexion **2.** translation **3.** rotation **4.** translation **5.** rotation

Page 90, Le diagramme à pictogrammes
1. tarte aux pommes **2.** 4 **3.** 36

Page 91, Lecture d'un diagramme
1. 43 enfants ont voté en tout. **2.** Fraises et caramel sont les parfums les plus populaires. **3.** Menthe et autres sont les parfums les moins populaires. **4.** Fraises et caramel ont obtenu le même nombre de votes, tout comme menthe et autres. **5.** 1 enfant de plus a aimé la crème glacée aux fraises plutôt que celle au chocolat.

Page 92-93, Le diagramme à bandes
1. basketball **2.** baseball **3.** 12 **4.** 4
2. a) légumes b) légumes et pepperoni c) autres d) 100 e) Les réponses varieront.

Page 94, Le tableau des effectifs
1. brisures de chocolat **2.** 11 **3.** en forme d'animal **4.** 45 **5.** 7 **6.** 15 **7.** 18

Page 95, Diagramme des collations préférées
1. craquelins **2.** légumes **3.** 4 **4.** 11 **5.** 47

Page 96, Activités de récréation préférées
3. baseball **4.** basketball **5.** 42 **6.** Les réponses varieront. Exemple : le baseball plutôt que le saut à la corde, ou le baseball plutôt que le basketball, ou le saut à la corde plutôt que le basketball

Page 97, Diagramme à bandes - Légumes
1. brocoli **2.** 3 **3.** laitue, concombre, carottes, haricots verts, brocoli **4.** 10 **5.** 32 **6.** 27

Pages 98–99, Les paires ordonnées
1. b) (2,2) **c)** (4,9) **d)** (9,3) **e)** (7, 6) **f)** (4,4)

Page 100, Les mesures
1. mètre, centimètre, kilomètre, centimètre, centimètre, mètre
2. quantité reliée à la tasse à mesurer, poids relié à la balance, température reliée au thermomètre, longueur reliée à la règle.

Page 101, Le périmètre
4 m + 6 m + 8 m = 18 m; 9 m + 2 m + 9 m + 2 m = 22 m; 4 m + 3 m + 1 m + 3 m = 11 m; 4 m + 4 m + 4 m + 4 m = 16 m

Page 102, Exploration du périmètre
1. 14 **2.** 12 **3.** 12 **4.** 18
Réfléchis bien : Cercle autour de la figure a

Pages 103–104, L'aire
1. a) 7 **b)** 12 **c)** 9 **d)** 10 **e)** 7 **f)** 10 **2. a)** 10 **b)** 6 **c)** 10 **d)** 8 **e)** 16 **f)** 10 **g)** 10 **h)** 7 **i)** 10

Page 105, La longueur
1. 6 cm **2.** 10 cm **3.** 3 cm **4.** 9 cm

Page 106, Quelle heure est-il?
1. 9 h 30 **2.** 3 h 20 **3.** 5 h 30 **4.** 10 h 50 **5.** 8 h 15 **6.** 12 h 35

Page 107, Tracer les aiguilles d'une horloge
Vérifier le travail des élèves

Page 108, La durée
1. 3 h 40, 4 h 35, 55 minutes **2.** 12 h 30, 1 h 30, 1 heure **3.** 4 h 15, 6 h 20, 2 heures 5 minutes

Page 109, Horaire de basketball
1. 6 h 10; 5 h 55; 6 h; 7 h; 6 h 5; 4 h 30; 5 h 30 **2.** 175 minutes
Réfléchis bien : a) 5 h 40 b) 6 h 50

Page 110, Lire un horaire
1. Spectable des dauphins et spectacle des requins **2.** Aquarium des poissons tropicaux et film de la vie sous-marine **3.** Spectacle à l'aquarium principal et spectacle des baleines **4.** Les réponses varieront. Assurez-vous que les heures données pour les spectacles ne se chevauchent pas.

Page 111, Lire un calendrier
1. lundi **2.** 5 **3.** le 12 mars **4.** le 1er mars **5.** vendredi **6.** le 21 mars **7.** le 10 juin
8. le 25 juin **9.** le 16 juin **10.** le 26 juin

Printed in the USA
CPSIA information can be obtained
at www.ICGtesting.com
LVHW081045090823
754760LV00013B/399